BEACH VOLLEYBALL

実戦ビーチバレーボール

―最強プレーヤーに学ぶ,技術・戦術・トレーニング―

カーチ・キライ&バイロン・シューマン［著］

瀬戸山正二［監訳］

大修館書店

Beach volleyball
by
Karch Kiraly and Byron Shewman

Copyright © 1999 by Human Kinetics Publishers,Inc.
Japanese translation rights arranged with Human Kinetics Publishers,Inc.
through Japan UNI Agency,Inc.,Tokyo.

TAISHUKAN PUBLISHING Co., Ltd.
Tokyo Japan

はじめに

　本書を記すにあたっていろいろとご支援くださった方々に謝意を表させていただきます。貴重な写真を提供して下さったピーター・ブロイレ氏とデーブ・ハイザー氏，トレーニングとフィットネスに関してご指導いただきましたカリフォルニア大学サンディエゴ校，フィットネス・コーチのトニー・ハグナー氏，インフレックス・メソッドの発案者，エイドリアン・クルック氏，編集者として本書の企画から最後まで労を尽くしてくださったホリー・ギリー氏，そして，1930年に仲間とビーチバレーボールを発案して，わたしたちにユニークですばらしいゲームを残してくださったポール・ジョンソン氏に厚く御礼申上げます。

　世界中のビーチバレーボールを愛する方々に，このスポーツへの情熱に対する共感と，一人ひとりが抱いている目標（ゴール）に到達されるようにとの祈りを込めて本書を捧げます。

カーチ・キライ

　サーファーとして，ライフ・ガードとして，私自身にビーチバレーボールの手ほどきをしてくださり，またカリフォルニア州インペリアル・ビーチのレクリエーション・ディレクターとして伝説的かつユニークな存在として生涯を送られたデンプシー・ホルダー氏の想い出に本書を捧げます。

バイロン・シューマン

監訳者はじめに

　21世紀を迎え，スポーツのさらなる発展が叫ばれている近年，いろいろなスポーツが生まれています。その中でも自然のすばらしさを身体全体で感じることができ，プレーヤー自らが輝くことができるスポーツ，それが，ビーチバレーボールなのです。

　日本でも各地でビーチにコートが作られ，老若男女が楽しくプレーしている姿を目にするようになりました。競技としてはアトランタ・オリンピックから正式種目となり，シドニー・オリンピックでは日本女子チームが4位入賞するなど，今後さらなる活躍が期待されています。

　カーチ・キライは，バレーボール，ビーチバレーボールで活躍した，世界でもっとも有名な選手です。この本では，彼がこれまでのキャリアの中で経験してきたことに絡めて，ビーチバレーボールで必要となる技術・戦術などをわかりやすくまとめています。すでにプレーを楽しんでいる人はもちろん，これからビーチバレーボールを始めたい人にとっても，このスポーツのおもしろさ，そして奥深さを知っていただけると確信しています。この本が日本のビーチバレーボールのさらなる発展に貢献できれば幸いです。

瀬戸山正二
2003年7月

目次

はじめに ………………………………………………………………………… Ⅲ

Ⅰ部　ゲーム
　第1章　ビーチバレーボールの歴史 ………………………………………… 2
　第2章　ビーチバレーボールの魅力 ………………………………………… 10

Ⅱ部　スキル
　第3章　サーブ ………………………………………………………………… 22
　第4章　パス …………………………………………………………………… 34
　第5章　セット ………………………………………………………………… 44
　第6章　スパイク ……………………………………………………………… 52
　第7章　ブロック ……………………………………………………………… 64
　第8章　ディグ ………………………………………………………………… 72

Ⅲ部　トレーニング
　第9章　柔軟性 ………………………………………………………………… 82
　第10章　筋力 ………………………………………………………………… 94
　第11章　プライオメトリクス ……………………………………………… 118
　第12章　スピードと敏捷性 ………………………………………………… 126
　第13章　持久力 ……………………………………………………………… 136

Ⅳ部　試合のキーポイント
　第14章　パートナー ………………………………………………………… 144
　第15章　トーナメント ……………………………………………………… 150

　資　料（カーチ・キライのビーチバレーボール歴） …………………… 161
　用語解説 ……………………………………………………………………… 164
　付　録 ………………………………………………………………………… 166

PART I 第I部

ゲーム | THE GAME

第1章
ビーチバレーボールの歴史

第2章
ビーチバレーボールの魅力

CHAPTER 1

第 1 章

ビーチバレーボールの歴史

　アトランタ・オリンピックでの優勝の瞬間。雪崩を打ってコートに殺到してくる何千人というファン，マイクを突きつけてくるTVアナウンサー。観衆の中に家族の顔を見出そうとしている私。その瞬間，長男の声が聞こえました。「パパ，プールが閉まっちゃってるヨー」長男は金メダルには関心ゼロ。それまで，勝ち抜き戦の後に遊びに行っていた会場近くのウォーター・パークのプールがその日に開いていないのを抗議しているのだ。その瞬間に私はまさに現実に引き戻された感を味合わされた。しかし，その後の何時間かは記者会見やら何やら，オリンピック優勝の騒ぎの真只中に再び置かれることになりました。

　パーフェクトな日でした。FIVBの騒ぎに反発してオリンピックには顔を見せていなかった父は前日に深夜便で着いたばかりでした。家族全員とツキを呼ぶと自分で信じているいつものオートミールの朝食を済ませ，「アトランタ・ビーチ」と名付けられたオリンピック・ビーチバレーボールの会場まで家族に自動車で送ってもらいました。

　メダル・ラウンドの最終戦の前，固くなっているとはまったく感じていませんでした。ウォームアップの前，マイク・ドッド選手やマイク・ウイットマーシュ選手とふざけあったりして全員がリラックスしていましたが，それは金メダル最終戦の両チームともアメリカ代表，そして両チームともAVPに所属するチームであったことに気をよくしていたからでした。

アトランタ・ビーチは，連日1万1,000人の観客で満員でした。他の種目と違っていたのは観客が観るだけでなく，ビーチ・ショーツをはいていたり，大音響で流れている音楽に合わせて踊ったり，マカレナでウェーブをやったり，リラックスしたビーチの雰囲気で大騒ぎしながら楽しんでいたことでした。

　あの日は，"クレージー" そのもの。パートナーのケント・ステッフス選手と私のゲームは，ほぼパーフェクトに近かった。アトランタ・オリンピックは過去のオリンピックに比べ，自分にとって特別なものでした。というのも，ビーチバレーボールが初めて公式種目となったからでした。自分が自らのゴールに到達したということとビーチバレーボールが一人前になったということに対して大きな誇りを感じていたのでした。

4 BEACH VOLLEYBALL

　ビーチバレーボールがオリンピック公式種目になろうとは，誰が想像し得たでしょうか。1895年にバレーボールを発案したウィリアム・モーガンも，1930年にサンタ・モニカでビーチバレーボールのダブルスを始めたポール・ジョンソンも考えもしなかったであろう。現れないメンバーにしびれを切らしたジョンソンと3人の仲間はダブルスをやってみました。最初はコート4分の1のサイズで，次は半分のサイズ，そしてフル・コートを使うようになって，現在のようなビーチバレーボールが誕生したのでした。

　誕生当初の10年くらいの間，ビーチバレーボールはサーフィンと同様，主として南カリフォルニアのごくわずかな愛好者のスポーツにとどまっていました。ひとつの理由としては，ビーチと温暖な気候はどこにでもあるものではないからです。ロサンゼルス近辺でも，第2次世界大戦が終結して帰国した米国軍人が南カリフォルニアに流れていくにつれて人気が急上昇するまでは，なかなか普及しませんでした。

　1950年代を迎えて，サンタ・モニカのステート・ビーチが最初のトーナメントの地として関心を集めましたが，これはジーン・セルズニック選手とバーニー・ホルツマン選手のコンビが真面目なトーナメントの観衆集めに，美人コンテストなどエンターテーメント要素を盛り込んだスポーツ・イベントのプロモーションを行ったからでした。

　サンタ・バーバラからサンディエゴにトーナメントが広がるにつれて，ルールも定まっていきました。ネットの高さを7フィート10インチとし，ジャンプサーブはなし，ネット上のブロックもなし。また，賞金もなく，優勝者の手に残るのは優勝杯のみ。トーナメントゲームで，サイドアウトが連続すれば「長時間のマラソン」であった頃に比べると，今ではジャンプサーブもブロックもあり，「100メートル走」といった感があります。

　ビーチバレーボールは長い間，屋内でのバレーボールの後塵を拝していました。屋内でのバレーボールは1964年にオリンピック種目となり，ロサンゼルス・オリンピックでは米国男子チームが金メダルを獲得したこともあって米国内で地に足を下ろしたといえます。一方，ビーチバレーボールは1970年代の後半になると，主としてアルコール飲料のメーカーがスポンサーとなって，賞金金額が徐々に増えていきました。賞金が十分になった1983年に，プロモーターとの紛争をきっかけにバレーボール・プロ協会（AVP）が創立され，ビーチバレーボールは目覚しい飛躍を遂げて屋内でのバレーボールに追いつき追い越し，一般の米国人にも知られる存在となりました。そして，ケーブルTVスポーツ専用局ESPN，そしてネット局が中継するようになり，さらに普及を遂げていきました。スケールとしては小さいが，1980年代後半には女子プロのツアーも根を張るようになりました。

[AVP]
正式名はAssociation of Volleyball Professionals。AVPは1983年にビーチバレーボールの選手によって創立・運営された組織で，プロ・ツアーの運営主体組織となった。

第1章／ビーチバレーボールの歴史

　ビーチバレーボールは，人気においても，また賞金額においても屋内でのバレーボールを凌駕するスポーツとして成長していきました。この理由のひとつとしては，ビーチでのゲームのほうがテレビ映りがよいということがあるでしょう。世界でも美しいことで定評のあるビーチでのプレー，明るい太陽のもとで，若くて健康の見本のような観衆をバックにしたセクシーなフィーリングに溢れています。もうひとつの理由としては，ゲームがシンプルでわかりやすく，プレーヤーも少なくて識別もやさしいということでしょう。

　1987年には当時国際バレーボール連盟（FIVB）の会長であったルーベン・アコスタが，ビーチバレーボールの将来を見越して，初の世界ビーチバレーボール選手権をリオデジャネイロで開催しました。この大会は大変な成功を収めて，アコスタはFIVB主催のプロ・トーナメントをシリーズで企画し，これがワールドワイドのツアーとして展開されるようになりました。さらに，1996年のアトランタ・オリンピックでのビーチバレーボール公式種目認定に導いたのもアコスタでした。

ビーチバレーボールのパイオニアの一人，ポール・ジョンソン

　AVPとFIVBのツアーはともに大きく育っていきました（1995年のAVPの賞金総額は400万ドル）が，両者間にビーチバレーボールの縄張り争いが熾烈化しました。アトランタ・オリンピックを前に，代表選手選考プロセスが紛争の焦点となり，後味の悪い争いが起きました。しかし，究極的にはアトランタがビーチバレーボールの人気を爆発的に高める糸口となりました。

　アトランタ後のAVPとFIVB両者の「ハネムーン」は長続きせず，1997年にはAVPはお家騒動に巻き込まれることになりました。組織管理に素人であるプレーヤー集団で，過去の過ちのツケが回ってきたのでした。賞金額が急速に膨れ上がる一方で，その管理・運営がついて行けなかったのです。

　女子の世界はもっと悪かった。1998年の初め，女子プロ・バレー協会（WPVA）は閉鎖し，破産宣告を強いられて，1998年には女子のプロ・ツアーは消える運命となりました。AVPは男子のツアーに必要な改善を行いましたが，これでは事足りなかった。200万ドルを超える負債を抱えるばかりでなく，プレーヤーの一人ケント・ステッフス選手が，AVPと役員会を相手取った訴訟を起こしたのです。ステッフス選手は，1997年末のトーナメント数回の賞金未収選手数人（私も含む）の一人でした。辞退したにもかかわらず，役員会に名を連ねるはめとなっていた私は，オリンピックで組んだ自分のパートナーに訴えられることになりました。実のところ，ビーチバレーボールは予想外な不幸な局面を迎えることになったのです。

[FIVB]
正式名はフランス語で，Federation Internationale de Volleyball。本部をスイスにおき，ルーベン・アコスタが現会長。

[ツアーへの参加資格]
ツアーの参加はAVPツアーの前年度成績で，通常48名の選手が自動的に資格を与えられ，8名がトーナメント成績をもとに補欠としての参加資格を与えられている。

BEACH VOLLEYBALL

THE SCRAPBOOK
アルバム

1950年代のビーチ・トーナメントで優勝したジーン・セルズニック選手とバーニー・ホルツマン選手

1984年のマンハッタン・ビーチにおける6人制バレー・トーナメント

第1章／ビーチバレーボールの歴史　7

初期のビーチバレーボール・トーナメントの
人寄せに一役買った美人コンテスト

40年にわたって
ビーチバレーボール
の道化役を務めたボ
ブ・ヴォゲルサング
選手（左）

スポンサーがビーチバレーボールの賞金を潤し、スポーツとして目立つ存在になる大きな助けとなった。

　1998年末までに、AVPは会社更生法によって、再編成の申請を行いました。それまでの運営形態を続けることは不可能となり、リストラ計画が求められました。この時点で、投資グループが現れて、男子プロ・ビーチバレーボールの運営を取って代わることとなりました。新組織の意図は、選手がメンバーであった役員会を解消し、ビジネスとスポーツ・エンターテーメント業界のプロで役員会のメンバーを置き換えることにありました。これは私にとっては歓迎すべきことでした。

　最近の成り行きには失望を感じているものがあることは事実ですが、是正できない問題ではありません。プロ・スポーツとして急激に伸び、その中で失敗もありました。しかし、失敗を是正して、新たなチャレンジに対応していくことができるものと私は確信しています。ゲーム自体はプレーしても、観戦しても、これ以上のスポーツはないからです。

将来の見通しは，明るい。他のスポーツの例をみると，選手の体格は大きく，力強くなってきています。ビーチバレーボールでも同じような傾向が出てくるでしょう。現在のシーズンは3月から9月までですが，将来は冬季にはカリブ海，メキシコ，ハワイや南半球の各地などでの開催で年間を通したスポーツになるでしょう。この意味でシドニー・オリンピックが飛躍の糸口となっても不思議はありません。さらに，AVPの資格選考ツアーとジュニア・ツアーが始まることで，競技者人口が増大し，技能のレベル向上も期待できます。

　また，ビーチバレーボールのレクリエーションとしてのレベルもますます向上するでしょう。ニューヨークやシカゴなどの都会では砂や芝生のコートでの大規模なリーグが増え，湖畔や海辺を埋め尽くす勢いをみせてきています。いたるところで，老いも若きもビーチバレーボールに関心を寄せるようになってきているのです。

　政治的な面では，AVPとFIVBとの間の協力体制が出てきて，オリンピック代表選手選考プロセスにAVPのツアーを組み込むような動きも可能性として考えられるものになってきました。

　私個人のこれからの道は，TV放送のキャスターとかマーケティングとかコーチとして，バレーボールの将来を側面から支える一助となることを考えています。しかし，本音は「雀百まで」で，ビーチバレーボールに始まったキャリアはビーチで終えたい。プレーの楽しさ，これに優るものなし，です。

[全米バレーボール協会]
本部をコロラド州コロラド・スプリングスにおく。当初は米国東海岸と西海岸のビーチバレーボールに対する態度と協会内の政治的な見方を反映して，屋内でのバレーボールを主眼として，ビーチバレーボールは除外されていた。オリンピック参加を期にビーチバレーボールも公式に認めるようになった。

[ジュニア・ツアー]
若い選手にツアーの経験を積ませる目的で米国バレーボール協会が組織し，全国的にツアー・イベントを運営している。

CHAPTER 2 第2章

ビーチバレーボールの魅力

　9歳か10歳の頃,『スポーツ・イラストレーテッド』誌でその頃珍しかったバレーボールの記事を読んだ記憶があります。ラリー・ランドル氏に関する記事で,彼がどれほど偉大な選手だったかという内容でしたが,ランドル氏がカリフォルニアのアマチュア・ビーチバレーボールのトーナメントに11歳で参加した最年少のプレーヤーであることもその時に知りました。以来,私はトーナメントに11歳で参加してタイ記録とするか,10歳で参加して記録を更新したい一念に駆られました。

　結果は,タイ記録でした。11歳で最初のトーナメントにコロナ・デル・マーで父親と出たが,ストレートで敗北。もっとも,スコアは非常に接近したものでした。大の大人を相手にしてもう少しで勝てそうだったことが私をビーチバレーボールの虜にしてしまったのです。自分にパワーがあることを知ったというか自信を持ったというか,大人と互角の勝負ができるものがあることを知ったのでした。

　間もなく,大人にも勝てることがわかりました。大人に体格負け,力負けしても,テクニックとミスのないプレーによって勝てたのです。ビーチバレーボールはシンプルなスポーツですが,これが大きな魅力の一つとなっていると思います。ワールド・クラスの選手はみな,ゲームをシンプルなものとして捉えています。

　また,私を虜にしてきたもう一つの面は,プレー環境です。屋外で,明るい太陽の下,海に近いビーチは,この上ない環境といえるでしょう。

　屋内とビーチ両方のゲームで腕を磨きながら,どちらも甲乙つけがたく好きでし

た。高校時代は友達とそれこそ寸暇を惜しんでプレーをし，サンタ・バーバラの体育館に不法侵入してまで没頭したものでした。夏の間はイースト・ビーチでよくプレーしました。朝9時頃に自転車でイースト・ビーチに飛んでいき，日の落ちるまでコートを独り占めしていました。そして，海でひと浴びして，近所でスイカを手に入れてビーチで叩き割ってかぶりつく。心地よい疲労感，日焼けの肌，真っ赤な日没を眺めて・・・。15歳の男の子にとって，まさに「幸せこれに尽きたるはなし」でしょう。

UCLAと米国男子チーム（1981〜89年）での屋内におけるバレーボールが，間もなく私の時間の大半を占めるようになってきました。すばらしい期間でした。とくに，世界ナンバー1のチームでプレーするのは最高でしたが，絶え間ない遠征と毎日5時間の体育館での練習で溜まった疲労によって，身体がいうことをきかなくなってきました。そして，今では，屋外でのプレーのほうを好むようになりました。

私は，ビーチのあらゆることに魅力を感じます。まず初めに，ビーチは夏の一日を過ごすには最高の場所です。健康的な屋外の環境が楽しくリラックスした雰囲気を作り出します。さらに，コート上に各チーム2人しかいないことで，ほとんどすべてのプレーにかかわれるし，そのおかげでより速くゲームを覚えることができます。そして，手軽にできるのもよいところです。必要なことは，残り3人のプレーヤーとプレーできるスペースを見つけるだけです。屋内でのバレーボールのように12人集めて，誰もいない体育館を探さなければいけないのに比べたらなんでもないことです。

プロレベルでも，私はビーチバレーボールのほうが自分には合っていると思います。私は自分でコーチやトレーナーの役割をこなすのが好きだし，必要なときにはどちらか一方を選ぶこともできます。遠征もずっと楽に行うことができるし，いろいろな手配も自分でできます。空港に3時間前に到着しなければならず，15人の団体で名も知らぬロシアの町に36時間もかけて移動するのとは大違いです。

砂の上でのプレーは，身体にも楽であり，おかげで私のキャリアも長らえています。マイク・ドッド選手は40歳にしていまだAVPトーナメントで勝っており，それと同じことが硬いコートの上で起こりうるとは考えにくい。ビーチバレーボール初の女性スター選手，ジーン・ブルニカルディ選手は40歳代でもトーナメントで勝っていました。屋外での試合が「多様性」と「技」を必要とするのに対し，屋内での試合は「専門化」と「力」が必要とされ，筋力などがより一層重要となります。ビーチバレーボールは，70歳代になってもエクササイズとして楽しめるスポーツのように思えます。

より高いのレベルの選手にとって，ビーチバレーボールとはエゴを満たしてくれるスポーツといえるでしょう。理由の1つに，より目立てるということがあります。選手はコート上にいるたった4人のうちの1人で，1チームの半分です。誰もが注目しています。一方，屋内でのバレーボールは選手の身体も大きくなり，流れも速いので個々の選手が何をしているのか理解しづらい。すばらしいディグも，そのすぐ後に起こるスパイクにかき消されてしまうかもしれません。しかし，砂の上ではすばらしいディグを記録した後でも自分で打つことができます。そして，この何でも自分でやらなければならないというのが，私がビーチバレーボー

OnePOINT

選手の多くは，左右どちらかのサイドに特化する場合が多いのですが，私はパートナーを限定しないためにも両サイドでプレーできるようになることをお勧めします。

ルで一番好きなところなのです。

　屋内でのバレーボールでは，ある選手に弱点があるとしても，他の選手がそれをカバーしてくれますが，ビーチバレーボールではそうはいきません。ビーチバレーボールにはパス，セット，スパイクといったボールにコンタクトする3つの方法があります。すべてのプレーにおいて，選手はこの3つのうちの1つをこなさなければならないのです。逃げ場はどこにもないのです。

　砂の上では，すべての技術を身に付けることが要求されますが，通常，各選手は自分のコートの半分が責任領域となります。それでも，非常に広い範囲なのです。私が父と練習を始めたときには父が右サイドを好んだため，私は左サイド向きの選手となりました。たくさんの選手がどちらか一方に特化する場合が多いのですが，私はパートナーを限定しないためにも両サイドでプレーできるようになることをお勧めします。

ビーチでは，これまで以上に目立つことができる。

　プレーするサイドを決めるということは，ビーチバレーボールにおける専門化できることの2つのうちの1つです。もう1つは，オフェンス・ディフェンスの役割分担です。身体のサイズと運動能力によってほとんどのチームでは，誰がブロックを行い，誰が後ろで守るのかを決めなければなりません。そのため，2メートル近い選手がいつも前でブロックし，175センチメートルくらいのパートナーが後ろで守るという光景をよく目にするでしょう。個人的には2人でいろいろな役割を共有できるようなパートナーを好んでいます。それについては，本書の後半で触れることにします。

1——「床か砂か・・・，それとも両方？」

　ビーチバレーボールで学んだ技術を屋内でのバレーボールで応用するほうが，屋内で学んだ技術をビーチで使うよりは簡単です。ビーチバレーボールは，選手に技術を身に付けさせることに焦点をおいています。だから，私は屋内でのバレーボールの選手にビーチバレーボールを行わせることに賛成なのです。私の大学時代には，夏の間，選手にビーチバレーボールをさせないコーチもいました。ナショナルチーム時代，監督のダグ・ビル氏は私たちにビーチバレーボールをさせたがりませんでした。彼は選手がビーチバレーボールをやることでエゴを増幅させ，屋内でのバレーボールにはよくない癖を身に付けるのではないかと考えたのでした。

14 BEACH VOLLEYBALL

キャロライン・カービー選手は，屋内でのバレーボールからビーチバレーボールへの転身で成功を遂げた選手の1人だ。

[サーブレシーブ]
ボールがサーブされた後，ディフェンス側が行う初めてのボールへのコンタクト。ビーチバレーボールでは前腕でのパスとなる。攻撃のもっとも重要な部分で，パスが悪いとその後のセットもスパイクもうまくいかない。

　しばらくの間，屋内でのバレーボールに集中したことで，自分がよりよい屋内でのバレーボール・プレーヤーになれたことは間違いないでしょう。しかし，それと同時に，その時期はビーチバレーボールをやって悪い癖をつけなかったというよりも，私がバレーボールというスポーツに没頭した時期でもありました。私はビル監督の考えには反対でしたが，規則には従わなければならなかったので，1984年のオリンピックまでの3年間でたった1度のトーナメントにしか出場を許されませんでした。一方，UCLAでのコーチであったアル・スケーツ監督はビーチバレーボールを奨励し，彼は歴史上名を残すような選手を何人もコーチしています。

　屋内でのバレーボール・プレーヤーは，どんどん専門化してきています。今日，おそらく2メートル近い選手はネット際に配置されることでしょう。試合を通じてその選手がサーブレシーブをさせてもらえず，わずかなスペースしか守らないという可能性は大きい。さらに，偶然ボールが来ない限り，セットをすることもないでしょう。反対に，ビーチバレーボールでは好むか好まないかにかかわらず，選手はディフェンスもボールコントロールも練習しなければなりません。パット・パワーズ選手は誰よりも強力にスパイクすることができますが，ビーチバレーボールでは彼でさえバンプもセットも，そしてダイビングレシーブさえもしなければならないのです。

女子でも，プロ選手の多くは大学時代には屋内でのバレーボール・プレーヤーで，ビーチバレーボールで何年か洗礼を受けなければならない場合が多い。キャロライン・カービー選手，リッツ・マサカヤン選手，そしてナンシー・レノ選手らはみな，ビーチバレーボールに転向する前はすばらしい屋内でのバレーボール・プレーヤーであり，屋内での技術はすべて身に付けていました。

　ビーチバレーボールでの技術を学ぶことは，屋内での選手自身のパフォーマンスを上げる手助けになります。私が子どもの時にビーチでプレーしたことはすべて，屋内でのプレーに役立ちました。さらに，柔らかい砂の上でプレーすることによって敏捷性やジャンプ力が向上するでしょう。また，気分転換によいという利点もあります。時として，楽しんでプレーすることは大切なことです。バレーボールは，コート上にいるときにいつでも真剣にプレーされるべきスポーツではないのです。

OnePOINT

時として，楽しんでプレーすることは大切なことです。バレーボールは，コート上にいるときにいつでも真剣にプレーされるべきスポーツではないのです。

2── いろいろなビーチバレーボール──草地で，4人で，6人で──

　私たちの誰もが，近くにビーチがあるという幸運には恵まれていません。しかし，砂でできた人工コートがいたるところにできていますし，ポータブルコートのようなものまであります。それでもコートが見つからなければ，公園に行って草地の上にコートを作る方法もあります。屋外で，安く，楽しく，これ以上いい過ごし方は他に見つかりません。

1チーム4人でのプレーでは，2人のときほどの運動量はないが，たいてい長いラリーとなる。

[6人制と4人制]

6人制は，伝統的な屋内でのバレーボールである。屋外では草の上でよく見ることができる。ビーチではすべての動きが遅くなるため，6人制はより長いラリーを生み出す。

4人制は，6人制と2人制の中間である。2人制ビーチバレーボールでの活躍を目指す屋内でのバレーボール・プレーヤーにとって，よいスタートになる。

　私はあまりやったことがないが，「グラス・バレーボール」は非常に人気があります。「グラス・バレーボール」はどちらかというと，6人で行われることが多かったり，ダイブするのに向いていないなど，屋内でのバレーボールに近い。屋内コートと同様に，草の上でダイブすると滑る代わりに止まってしまいます。また，ジャンプ面でも屋内同様に高く飛ぶことができるので，アタッカーには有利となります。

　ビーチバレーボールの専門家になりたい選手には，4人制というのはちょうどよいかもしれません。私たちも何年前かに，AVPのスケジュールに時間があるときにプレーしましたが，とても楽しめました。4人制と2人制のもっとも大きな違いは，両チーム2人ずつ選手が多いことによってラリーが長続きすることです。チームメイトが倍となることによって，プロレベルで試合をすると屋内でのバレーボールに近いものになってしまうかもしれません。オフェンスは素早いセットや，右利き，左利きのアタッカーを揃えてくるでしょう。そうなると，攻撃が重視されすぎてしまうので，2人制のほうがビーチバレーボールにとってはよいのかもしれません。

　4人制だとそれほど運動量もなく，2人制のときほど肉体的にも準備する必要はありません。4人が責任を共有することによって，試合中明らかにするべきことは少なくなります。もし初心者やまだそれほど技術を身につけていない選手がプレーする場合，何人か余計にいたほうが楽しい場合もあります。たとえば，ラリーを長く行うにはよいでしょう。しかし，ボールに触れられる機会は確実に減ってしまいます。私はボールに触れることが上達する近道だと考えています。毎回ボールに触れることによって，2人制のほうが練習には向いています。多人数でプレーすると，ボールに触ることなくいくつかのプレーが過ぎていくこともあり得るのです。

　ラリーをしたいのであれば，6人制が最適です。毎年，カリフォルニア州で行われる，「マンハッタン6人制」大会には何百人もの選手が思い思いのユニフォームで参加し，何千人ものファンが応援に来ます。また，大会はかつての友人たちとの再会の場でもあるのです。しかし，6人相手に試合をしてみると，1つのプレーでなぜ何度もネット上をボールが行ったり来たりするのかがわかるでしょう。

　もし，2人制が大変だと感じたら，4人制から始めてみるのもいいでしょう。自分のコートの4分の1をカバーすることから始め，すぐによりチャレンジの多い2人制に移行できます。ただ，これだけは覚えておいてください。より少ない選手でより多くボールに触る。これがビーチバレーボールの醍醐味なのです。

3 ── 基本

　ビーチバレーボールのルールは屋内でのバレーボールとさほど変わりません。2つの大きな違いは，ハンドセッティングとディンクショット，またはティップショットの解釈の違いにあります。より高度なレベルでは，セッターはボールをもらい，ほとんど回転をかけることはできません。そうでなければ反則となってしまいます。このルールはAVPプロ・ツアーにおいては厳しく取られるが，FIVBの方針もあり，全体の流れとしてはあまり厳しくみない傾向です。

　ビーチバレーボールにおいては，直接的または「オープンハンド」によるディンクショットを禁じていますが，屋内でのバレーボールではそのプレーは許されています。ビーチでのディンクショットでは，アタックのスピードを抑えることで，スパイクと同じテクニックが使われなければなりません。

　砂の上では，相手のプレーを邪魔しない限り，ネットの下にパスをすることができますが，屋内でのバレーボールではもちろん，センターラインを超えてパスをすると反則になります。

ユニフォーム：

　2人制ビーチバレーボールは屋内でのバレーボールよりも，準備する用具は少ない。服装の面では，通常の水着類以外必要ありません。ただし，私はいつでも日焼け止め，サンバイザー，サングラスを使用することを薦めています。

　シューズは草の上のときに必要なら履くぐらいです。多くの選手が草の上でもはだしでプレーしますが，芝生用シューズ（アメリカンフットボールで使用されるものと同様）を履く選手も少なくありません。表面が濡れて滑りやすいときなどは，シューズを履きます。芝生用シューズとは靴底に細かなゴム上のボツボツがあるもののことで，スパイク類は禁止となっています。

　また，7月や8月ぐらいになると，砂の上はものすごく熱くなります。やけど予防には，通常の綿靴下を着用します。もっと進んだ予防法としては，市販されているネオプレーンやゴム製の靴下を履くこともできます。

ボール：

　ビーチ用のボールは屋内用に比べて空気が少なく，重く，少し大きい。このような特徴が，強風などの悪条件でもボールハンドリングを楽にしてくれるのです。

ネット：

　プロ以外では屋外用ネットにはアンテナが付いていません。そのため，ポール

OnePOINT

いつも日焼け止め，サンバイザー，サングラスを使用することを薦める。

[ハンドセッティング]
オーバーハンドパスのこと。

[ディックショット]
フェイント（軟攻）のことで，コートの空いているスペースにコントロールして打つショットのこと。

[ティップショット]
ボールをティップさせてネット際に落とすショットのこと。

[アンテナ]
ネットから突き出る細い棒で領域外を示す。米国のビーチバレーボールでは，プロ・ツアーのみで使用される。それ以外の試合では，ポストがアンテナの代わりを果たす。

内を通過しないボールはすべて反則であり，アンテナつきコートよりも広い範囲を使用することになります。

4 —— コートを組み立てる

　自分用のビーチバレーボール・コートを組み立てるということは，私が今までにやったことのないことです。おそらく，それがビーチの近くに住む利点であると思うのですが・・・。もし，自分でバレーコートを組み立てようとするならば，次に示す基本的な規格を参考にするとよいでしょう。

1. コート幅に全方向に最低3メートルぐらいの余裕をもたせ，平らな場所を選ぶ。質のいい砂を選ぶ。コート上に障害物がないことを確かめる。
2. アメリカ規格でのコートサイズは18メートル30センチ×9メートル15センチ。もし，オリンピック規格でプレーしたいのならば，16メートル×8メートルがコートのサイズになる。どちらもラインの外側から計測をする。明るい色のロープか似たような素材をラインとして使用する。
3. ネットを支えるポールは木製，または金属，PVCなど，ネットの張りに耐えられる材質がよい。長さは4.2メートルぐらいで，1.5メートルほど埋め込む（セメントを使用するかどうかはどちらでもよい）。ワイヤーを使用する場合は，明るい色でアンカーはコートよりも低く位置しなければならない。
4. 泥や草がコート上の砂と混じるのを防ぐために，木製の囲いや低い木製フェンスを使って囲いを作る。この囲いは盛り上げられたコートにはとくに重要である。コートを盛り上げることはとくに低地に作る場合には好ましい方法である。コートを掘り下げる場合には，60～90センチ）ほど掘り下げられるべきである。
5. 排水システムは，とても重要である。排水溝をコートの1番低い場所から傾斜させるようにしなければいけない。

よいコートを作る方法：

　もし，建築用重機を使用した経験がなければ，次のことは自分で行うよりもプロに依頼し整備してもらったほうがいいでしょう。正しく行えば，非常に質の高いコートを作ることができます。

1. 建築用重機を使い，コートにする範囲を希望する深さまで掘り下げる。ブルドーザーなどを使うことは薦められない。低地（海岸沿い）の場合，地面の

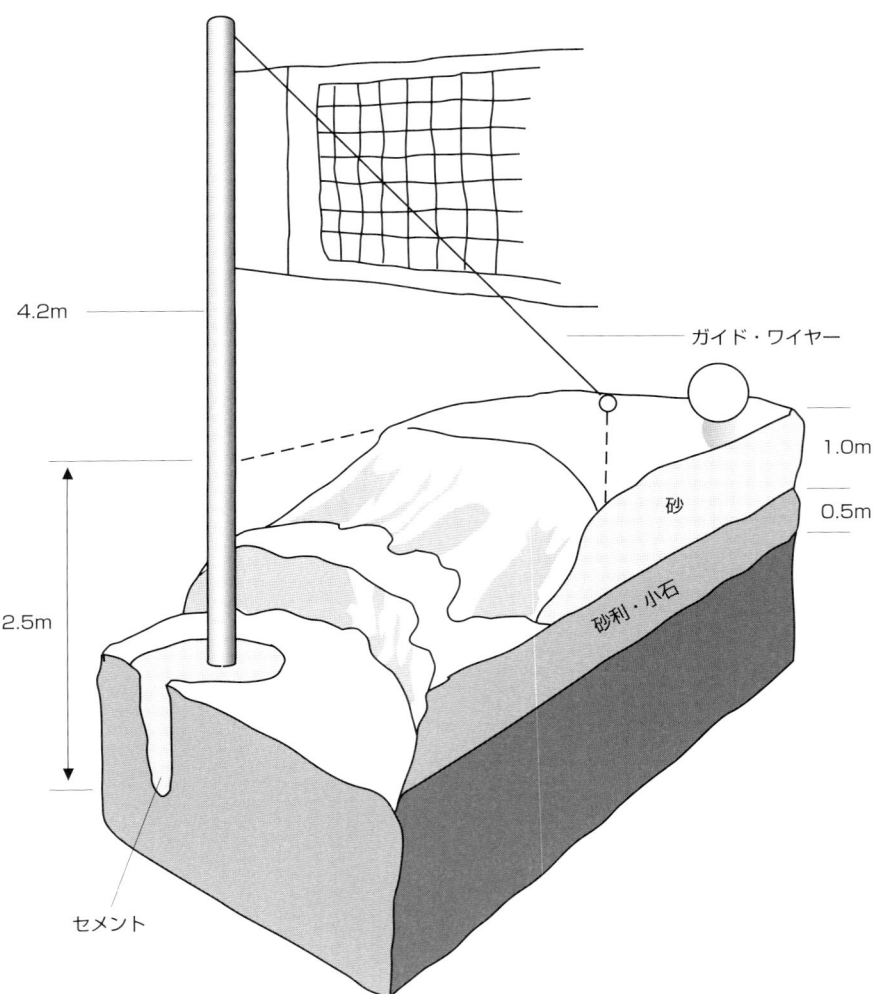

高さよりも上にコートを作るほうが望ましい。掘った土でコートまでのスロープを作るとよい。
2. 土や草が入るのを防ぐため，掘り下げた周辺に囲いを作る。線路用の枕木か，5センチ×15センチのボードを使用し，ケガ防止のために，むき出しになっている角をパッドなどで覆うとよい。
3. 排水溝の穴の開いている部分を下に配置する。オープンになっている部分をコートの低い部分に置く。砂の入るのを防止するために，パイプの各部分を

フィルターで巻くとよい。

4. フック，巻き上げ機などを取り付け，ネットを準備する。ポールを最低限1.5メートルほど埋め込み，最終的に砂を被せた後2.5メートルほど埋まるようにする。木製のポールを使う場合，悪天候にも対応できる着色剤を使うようにする。支え用のワイヤーを使わないのであれば，たわみに耐えられるようポールをやや外側にセットするとよい。

5. パイプと残りのコート部分に30センチほどの厚みで砂利を敷く。多くの人は56番と呼ばれる小さなタイプの砂利を使うようだ。排水などを考え，一番よいサイズを業者に聞いてみるのがいいであろう。

6. 砂利と泥が砂と混じらないようにするため，スクリーンのようなフィルターを砂利に被せる。最適な素材は悪化しないポリエステル素材で編み込んである，グラウンド安定フィルター素材である。これも業者に聞いてみるとよい。

7. 30～60センチほどの深さで砂を敷き，ならす。砂利の状態がよければ通常30センチで十分である。

8. ネットを張り，境界線を作る。

コスト：

よいコートは，通常6,000～10,000ドル（66～110万円）ほどかかります。大金ではあるものの，何年もの健康と楽しみのための投資と考えれば安いものでしょう。基本的な価格には次の3つが含まれます。砂と砂利，掘り下げ用機材レンタル料，コート用備品です。

砂にはいくつかの種類があります。石膏砂，石状砂，川砂，もし可能ならビーチの砂，または砂丘砂がお勧めです。電話帳などで地元の業者を調べてみるとよいでしょう。平均して砂は1tで約9～20ドル（990～2,200円）かかります。しかし，これには配送料が含まれておらず，これが時として高くつく場合があります。当然，砂のある場所に近ければ近いほど安くなるわけです。砂利の値段も，配送料を含め，砂と似たようなものです。

コートを掘り下げるための機材は，1日約100～200ドル（11,000～22,000円）と配送料が必要となります。実際の作業は，地元業者に依頼するべきです。高くつくことにはなりますが，プロに任せたほうが速く，しかもきれいなコートにできます。

上と下にワイヤーの入った質の高いネットは200～300ドル（22,000～33,000円）するが，それだけ投資する価値があります。基準として，4×6インチ（10センチ×15センチ）の木製ポストは1本20ドル（2,200円）で買うことができます。また，鉄製のポストもあります。

OnePOINT

コートをつくるために必要なコストは，日本では米国の5～7倍程度の費用がかかる。

PART II 第Ⅱ部

スキル THE SKILLS

第3章
サーブ

第4章
パス

第5章
セット

第6章
スパイク

第7章
ブロック

第8章
ディグ

CHAPTER 3 第3章

サーブ

　ケント・ステッフス選手と私がアトランタ・オリンピックでシンジン・スミス選手とカール・ヘンクル選手のペアと戦った試合には興奮，ドラマ，ライバルなどといったすべての要素が含まれており，いまだに語り継がれる試合となりました。その試合では，私たちは試合を通して劣勢でした。ある時点で12対8とリードを許し苦しい状況でしたが，その後立て続けに5ポイント返し，13対12とリードを奪いました。その後，彼らに逆転を許し，15対14となり，何度かのマッチポイントを切り抜けました。

　そして，15対15の同点に追いつきました。そこでサイドチェンジ，1分間の休憩を迎えました。コートに戻り，ケント選手が左サイドに向かい，カール選手に目がけてジャンプサーブをしました。サーブはカール選手の腕に当たってコートの外にはじきとび，大きなサービスエースとなりました。そこまで，得点を取るのは容易ではなかったので，それがこの試合初めて楽にとれた点となりました。さらによかったことは，簡単に得点を与えてしまったことで相手の士気が下がったことでした。マッチポイントは私たちの側にあり，相手にプレッシャーをかけることができたのです。そして，何度目かのプレー後に私たちはついに勝利を収めることができました。しかし，私たちの肩の荷を下ろしてくれたあのサービスエースなしには，その試合に負けていたかもしれません。

すべてはサーブから始まります。そして，ビーチバレーボールではサーブで終わることも多いのです。とくに高いレベルにおいては，ジャンプサーブの登場でゲームに革命が起きました。ブライアン・ルイス選手，スコット・アヤカタビー選手，ホセ・ロイオラ選手，アダム・ジョンソン選手らの力強いジャンプサーブには，それだけで試合を決めてしまう迫力があります。1996年のフェニックスでのトーナメントで，ケント・ステッフス選手と私のペアは，ジョンソン選手とロイオラ選手のペアに15対10で敗れました。彼らはなんとサービスエースを11本も決めたのでした。彼らはたった4点だけをサーブ以外の方法で得点すればよかったのです。

サーブは，選手が自らコントロールすることのできる唯一のプレーです。何年もの間，選手たちはこの事実を軽視してきました。もしかすると，2日間続けて10時間以上も照りつける太陽の下でプレーするのを楽しみすぎていたのかもしれません。しかし，1960年代にすでにジャンプサーブを使っていた有名な，というよりも悪名高き選手がいました。

ボブ・ヴォゲルサン選手は，人々から「ヴォギー（Vogie）」と呼ばれ，198センチの恵まれた身体能力を持つアスリートでした。彼は観客を楽しませようとするあまり，ある日一つのアイデアにたどりついたのです。ジャンプしながらサーブすることです。彼は観客を楽しませ，相手をいらつかせるためのすべてのトリックを使い果たし，多くの観客が「ジャンプサーブ！ジャンプサーブ！」と騒ぎ出しました。そして，ヴォギーは後ろに下がると，ジャンプサーブをしました。当時，ジャンプサーブの正当性の議論はあったのですが，誰もヴォギーを言い負かすことができなかったので彼はそのサーブを使うことを許されていました。誰にもそのサーブが効果的であるかどうかというのはわかりませんでした。ただ，「またピエロがばかげたことをしている」というくらいの認識しかありませんでした。驚くべきことに，ヴォギーはいまだにジャンプサーブを打ちつづけています。彼は40年もの間AAAランクの選手であり，それは他にまだ誰も成し遂げたことがない偉業です。

プロの選手たちが，ヴォギー選手のアイデアを真剣に考えるまでには20年もかかりました。ジャンプサーブがビーチバレーボールをがらりと変え，今日，より速く，激しい試合が展開されています。サーブを決めて試合の形勢を完全に変えてしまうことほど気持ちのいいことはありません。そんな時は，コートのどのエリアにでもボールを思い切り打ち，狙ったところの20〜30センチ以内に決められるような気がしています。1996年初め，ジョンソン選手とロイオラ選手のペアを相手に，最後の4本を含む6，7本のサービスエースを決めたことがありました。そんなプレーが毎週末できれば，どれほどよいことかと思います。今それに向け

[AAA]
アマチュア選手としては，達成できる最高のレベル。プロが始まるまで，南カリフォルニアでAAAランクになることは社会的地位をも向上させた。

てトレーニングを続けています。いいジャンプサーブができたときは，相手が何をしていようと関係ない。ジャンプサーブとはもっとも簡単に，素早く試合の主導権を握る方法です。

1 ── サーブの技術

サーブにはもっとも簡単なアンダーハンドサーブからもっとも難しいジャンプサーブまで，いろいろな種類があります。何を身に付ける場合も同じですが，1番簡単なことから身に付け，次の段階へと進んで行くのがよいでしょう。

アンダーハンドサーブ：

誰もがブライアン・ルイス選手のような凄いサーブをできるわけではありませんが，どの選手も自分にとってベストなサーブを選択し，それを上達させることはできます。初心者から身長2メートルに満たない選手まで，とくに屋内よりボールの重いビーチバレーボールでは，ワンハンドサーブから覚えるのが1番よい方法かもしれません。初心者にとって1番大切なのはサーブを入れることです。サーブを相手コートに入れられないことには得点は入らず，他の3人の選手たちにもいい印象を与えません。

右利きの人が多いためサーブの説明も右利きの人向けですが，左利きの場合も右と左を置き換えて説明を読んでいただければ理解してもらえるでしょう。アンダーハンドサーブを行うには，ボールを左手に持ち，左足を右足よりもやや前にして自然な姿勢をとります。ネットを正面に構え，エンドラインのすぐ後ろに立ちます。右腕を引きながら，ボールをわずかに左手からトスします。腕を振り子のように振りぬき，ボールの後ろの部分をげんこつで叩きます。ボールを打つときに左足でステップを踏み，体重を後ろから前に移します。そうすることによりボールに力と勢いが加わり，より高く遠くへ飛ばすことができるのです。

続けてボールがネットを越えるようになりましたら，狙いを定めて打つ練習をするとよいでしょう。

OnePOINT

初心者から身長2メートルに満たない選手まで，とくに屋内よりボールの重いビーチバレーボールでは，ワンハンドサーブから覚えるのが1番よい方法かもしれません。

フローター：

初心者からトップレベルの選手まで，ビーチバレーボールの選手の大部分がフローターサーブを使います。もっともよいフローターとは，ナックルボールのように，速くて力強く，回転のないものです。たいていのフローターサーブは少しずつ変化しているので，レシーブしづらいものとなります。屋外では風などの影響で，その傾向は一層強くなるでしょう。

狙う場所を正面に見て，肩の高さで左腕を伸ばしてボールを持ち，60〜90センチほど上に，自分の頭よりもやや前のほうにトスを上げます。弓を引くように右腕を後ろに引き，手のひらでボールの中央部分を叩くように戻します。回転がかかり過ぎないようにフォロースローは少なくします。ボールを叩いた後は，できるだけ早く動きをゆっくりにします。そうすることにより，ボールに回転がかからず，「ナックルボール」のような効果が出るのです。足を使ってステップを踏むことで，低くまっすぐな弾道を描くようになります。理想的にはネットの上数センチ，高くても30〜60センチ上を通るようにします。低くて，力強ければ強いほどよいのですが，低くて強いサーブはネットに触ったり，ラインアウトになる可能性が高いことも覚えておきましょう。

スカイボール：

　スカイボールはジャンプサーブが盛んになる前によく使われていました。太陽から落ちてくるようなボールは貴重な得点を挙げてくれるかもしれません。スカイボールはレシーブ側のテンポとリズムを変えてくれます。私が見たもっとも凄いスカイボールはシンジン・スミス選手のものでした。彼のサーブには回転がかかっていないので、フローターサーブのようでもあり、回転のかかったボールよりどこに行くか予想しにくいのです。

　スカイボールは大抵サイドライン向きに構え、左肩がネットに向くように立ちます。ボールはアンダーハンドサーブと同じように持ち、後ろを叩くのではなく真下を叩きます。もう一つ、右肩をネットに向けて立つ方法もあります。こうすることでボールによりスピンをかけられ、変化をかけることができるのです。このサーブでは足を使うことが重要になります。高さを得るためにサーブのとき、ボールに乗るようにジャンプするとよいでしょう。

　今日、プロ・ツアーにおいて、試合終了間際の時間稼ぎ以外でスカイボールを見ることは珍しいかもしれません。試合のペースを変える利点があることを認める選手は多いのですが、実際にプレーで使う選手は少ないのです。その代わり、より効果的なジャンプサーブの技術向上に時間を割いています。

[トップスピン]
ボールの上部を擦ることで起きる前方回転。トップスピンをかけることでボールを落とすことができる。風に向かって打つとさらにその効果が増す。

ジャンプサーブ：

初期のジャンプサーブ使用者（ヴォギー選手以外）はトップスピンをかけていました。このサーブは風が吹いているときなどに使われ，いつでも効果的に使用できる選手は少なかった。1960年代，デニス・ダッガン選手，ジョン・テイラー選手らが数多くサービスエースを取っていました。トップスピンサーブはテニスのサーブと似ています。単純にボールをトスし，腕を引いてボールの上半部を力強く叩きます。ボールを叩いた後にフォロースルーをすることでさらに回転がかかり，風が強いときなどにはサーブを落とすことが容易になります。

テレビでAVPツアーの試合を観たことがあれば，少なくとも90％の選手がジャンプサーブを使っているのがわかるでしょう。ビーチバレーボールはよりアグレッシブになっており，選手たちはとくに風の強い日にはジャンプサーブで簡単に点が取れることがわかってきたのです。

ジャンプサーブとは基本的に，8mのスパイクと考えることができます。トスの方法にはいろいろありますが，いくつも自分で試し，サーブしやすい方法を見つけるとよいでしょう。個人的にはボールを右手で持ち，アンダーハンドのようなやり方でトップスピン（前方回転）をかけてトスします。中には両手でトスする選手もいれば，右手で打つのにもかかわらず左手でトスする選手もいます。スピンを嫌う選手もいます。トスは通常のスパイクのようなステップが取れるよう，だいたい1メートル50～80センチくらい前に出されるべきでしょう。また，助走をつけて踏み切り，ジャンプのもっとも高いポイントでボールを打てるように十分な高さが必要になります。私はあまり風の影響を受けないよう，ビーチでは比較的低くトスしています。

ルール上エンドラインを越えることはできないため，私はエンドライン手前60センチで落ちるようにトスしています。走って，ジャンプして，ボールを打った後，だいたい私はエンドラインより60～90センチほど前方で着地しています。

ジャンプサーブの基本を覚えたら，コントロールの練習をします。自分の狙ったところに打てるようになるまでは，何時間もの練習を必要としますが不可能ではありません。ジャンプサーブの達人ともなると，相手チームの選手たちがジャンプサーブに備え，後ろに体重をかけるのを見て，ショートサーブにすることもできるようになります。

2── サーブの戦術

サーブごとに何らかの目標を設定することはとても重要なことです。そうすることでミスを少なくするだけではなく，相手の弱点を考え，そこをつくことによ

ってさらに多くの点を取ることが可能になります。

　また，対戦相手を研究すべきでしょう。もしお互いの力が互角の場合，戦術によって勝者と敗者が決まります。どちらの選手が狙いやすいか考えるべきです。自分のサーブにより，相手のどちらが攻撃をすることになるかを選ぶことができるのです。これはビーチバレーボールの大きな特徴です。相手のコート上に2人の選手しかいないことで，どちらの選手にアタックをさせるのがよいかを選ぶことができるのです。

OnePOINT

一人のプレーヤーにサーブを打ち続け, 疲れさせることがあります。

常にどちらが弱い相手かを見極めたほうがよいでしょう。シンジン・スミス選手とランディ・ストクロス選手のペアでは, シンジン選手がサーブを長年受けていましたが, なかなか得点につながらなかった。いわゆる「サイドアウトマシーン」だったのです。彼はストクロス選手ほど強くもなく, 目立つ選手ではありませんが堅実なプレーヤーでした。それから, ストクロス選手にサーブし, 彼に毎回ブロックさせて疲れさせる戦術もとりました。それは彼らと戦うときに少なからず効果的でした。もう一つ大切でかつ一般的な戦術としては, 一人のプレーヤーにサーブを打ち続け, 疲れさせることがあります。

どんなサーブでも, パスするプレーヤーを移動させることが目的になります。誰でも膝の高さにきたサーブはパスできますので, より難しくするためにはゆさぶることが必要です。サーブを短く, コーナー深く, センター深く, 相手がいないところへ, またはサーブの落下点が見えないような場所に打つのです。サーブはコートの空いている場所に落とすのが基本になります。

いったん狙うべきレシーバーを決めたら, そのプレーヤーが一番パスしにくい場所にサーブします。バックラインでパスしてから8メートルも助走してスパイクを打つのを嫌うプレーヤーもいれば, 逆に短いサーブを拾いスパイクまで十分な助走をとれないことを嫌うプレーヤーもいます。対戦相手をよく観察, 確認して, どちらのサーブが相手にとってパスしにくいかを見つけるとよいでしょう。

バックラインやサイドラインぎりぎりにサーブを打つことは, プレーヤーを移動させるだけでなく, そのチームメイトが「イン」,「アウト」とジャッジしなければならないという意味でも相手にプレッシャーを与えます。また, 選手2人の真ん中に落としてみて「お見合い」状態にさせると, 相手チームのコミュニケーション状態がわかります。相手チームを混乱させて得点できるということになるのです。

サーブミスをするならば, 短く打ってネットに当たってしまうよりは長いサーブを打ってミスするほうがよいでしょう。長いサーブ, とくにジャンプサーブの場合は, 相手のレシーバーがミスジャッジをして拾ってくれるかもしれません。ネットにサーブを当ててしまうと, すぐにサイドアウトになってしまいます。また, コートの対角線にサーブを行えば, サーブを打つ範囲が広がり, サイドラインからの距離が長くなります。だから, 対角線サーブは少し強めに遠くに打つことができるのです。

サイド・アウト制の試合では, たいていコインをトスしてコートかサーブを選びます。風の影響がなければ, 普通はサーブを取ります。また, ラリー・ポイント制の試合では, サーブレシーブを取ります。風, とくに強く吹いている場合は, ゲームを始める際に風下側のコートを選びます。サーブでは, 風に逆らってアタックを打つのと同じくらいに, 有利になりうるからです。風のプレッシャーは,

強いドライブのかかったボールを妨害し，強烈な落下を引き起こします。サイドからサイドに吹く風で，たとえばコートを左から右へと吹く風が吹いた場合，左サイドにサーブを打つのが無難でしょう。風がボールをコート上に導いてくれるのです。もし目を開けていられないような太陽が射す場合ならば，その太陽を見つめる必要のないコートサイドを選択する必要があります。

立て続けに得点していると相手がタイムアウトを要求しますが，ゲーム再開のサーブは外してはいけません。相手にプレッシャーをかけ続けるためです。逆に，こちらがミスしても，次のサーブを入れればよいことになります。

[タイムアウト]
ＡＶＰツアーでは，1試合に「サンドタイムアウト」と呼ばれている，フルタイムアウト（45秒間）を2回，ショータータイムアウト（20秒間）を2回とることができる。
タイムアウトは，相手ペア側に勢いが出てきたときに使うのがよい。
FIVB（ラリー・ポイント制）では，1，2セット目は両チームの得点合計が21点になった時，「テクニカルタイムアウト」となり，それ以外に1回のタイムアウトをとることができる。3セット目は，「テクニカルタイムアウト」はなくなる。

シンジン・スミス選手とランディ・ストクロス選手

3 ── サーブの練習

　サーブの練習にはパートナーとたくさんのボールが必要です。一人で練習しても，打ったボールを拾うのに時間を費やしてしまうからです。

互いにサーブ：

　効果的な練習方法はサーブを打つことに集中することです。コツをつかめば，フローターは動くようになりジャンプサーブはより強いものになります。パートナーと単純に交互にサーブを打ち合いましょう。

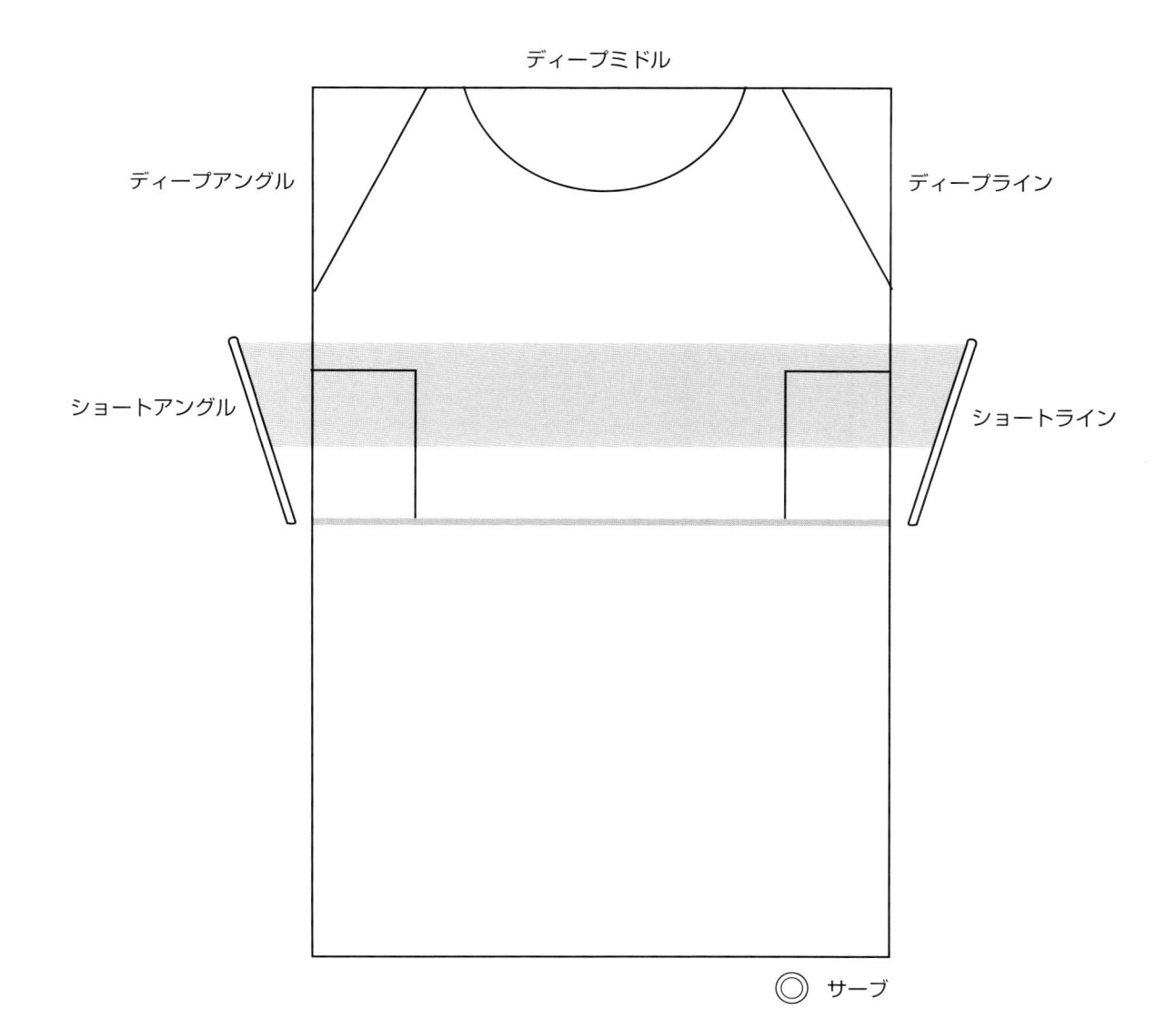

ディープミドル

ディープアングル　　　　　　　　　　　　　　ディープライン

ショートアングル　　　　　　　　　　　　　　ショートライン

◎ サーブ

5つのゾーンを狙ってサーブ：
　サーブはコントロールと位置が重要であり，これらがきちんとできるようになると試合において，楽しみが増し，さらに上達できます。コートを仕切って，たとえば，ディープアングル，ショートアングル，ディープライン，ショートライン，ディープミドルを単に砂に描くか，タオルやT-シャツを使って区切ります。20個のボールのうち，選んだところに何個ボールが入るかをやってみましょう。または50個のうち10個ずつそのエリアに入れるようにするのもよいでしょう。
　いろいろな種類のサーブを打つことも効果的です。フローター，スカイボール，そして，技術的に上達してきたらジャンプサーブもできるようになります。サーブがうまく飛ぶようになれば，すぐにハイレベルのプレーヤーになれます。

●── 勝つための原則

1. 相手のパス・プレーヤーを移動させる。
2. 相手の弱い所にサーブする。
3. サーブミスは，短いサーブより長いサーブで。
4. 風と太陽を味方につけろ。
5. 相手のタイムアウト後のサーブをミスするな。
6. もしタイムアウト後に打つサーブが失敗したら，3番目のサーブを入れろ。

CHAPTER 4 第4章

パス

　1つのパスが試合の結果を変えます。1996年，ミネアポリスのケント・ステフ選手と私はアダム・ジョンソン選手とホセ・ロイオラ選手のペアと勝者トーナメントのファイナルで戦いました。2点負けていて時計は15秒残っていました。「勝つならばエースを決めるしかない」と私はそのとき考えていました。

　決まった。アダム選手にクロスのエースを打ってみました。鋭く短くサイドラインの右に決まったのです。完璧でした。私もすばらしかったが，アダム選手はもっとすばらしかった。右に手をよく突き出して，親指から拾ったのです。ネットを越えていく勢いでこちらサイドにボールがはね返ってきそうでした。ミッションを遂行したのです。ところが，ボールはネットに当たりネットの上を転がって，こちらのコートに落ちました。信じられないことが起こったのです。

　サイドアウトをとられ，次のプレーでタイムアウトとなりました。私たちは敗者トーナメントにまわり，次に彼らと戦うためにもう1試合戦わなければならなくなって疲労が溜まり，また負けました。あのダイビングパスがこのトーナメントを変えたのです。

　ボールをコントロールすることが他のどんなことよりも試合を左右します。その基本がパスなのです。私が最初に練習した技術はパスで，ビーチバレーボールにおいてはとくにパスが重要となります。今でもパスしたいところに上手く決まると，試合を制した気持ちになります。よいセットを与えてくれるパートナーに，パスを任せられると，結果は自然とよくなります。

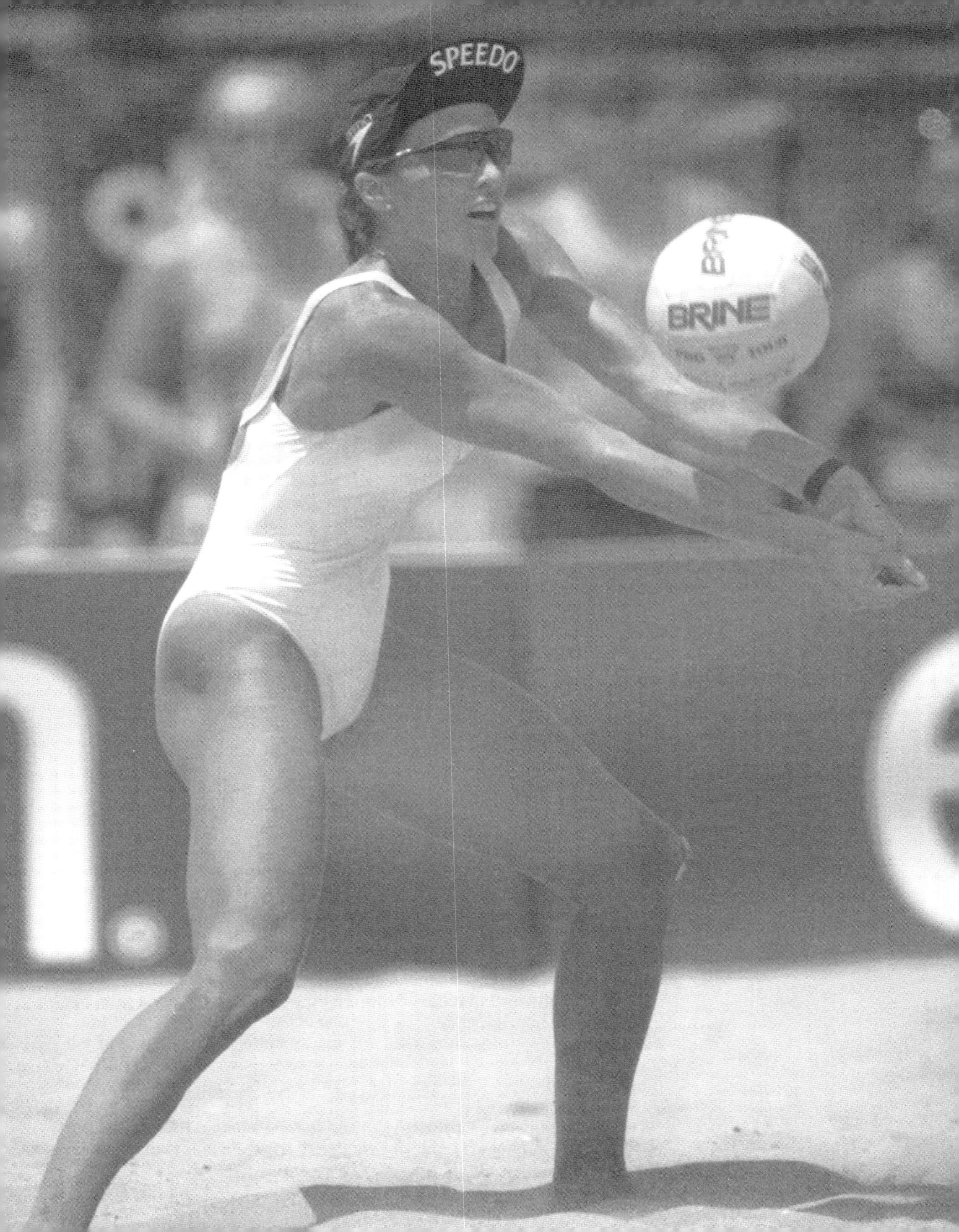
SPEEDO
BRINE

BEACH VOLLEYBALL

[タイムクロック]
ＡＶＰツアーでは，ボールがプレー状態の間は９分間時計が動き続けている。ＴＶの生中継が入ると８分間となる。もしゲームが終わっていないにもかかわらず試合時間が終了してしまったら，そのときに勝っていたペアが少なくとも２点差をつけるか，一方のペアが２点差をつけるまでプレーを続行することになる。

[論争]
ルールにかかわる疑問や論争は，常に審判によって判定される。もし議論が続くようならば，トーナメントディレクターがルールの解説をする。もちろん，乱闘騒ぎは禁止されている。

　私の父はハンガリーのジュニア・ナショナルチームでプレーし，その後ミシガンのクラブチームに移りました。メディカルスクール卒業後，サンタ・バーバラでインターンとして過ごした際にビーチバレーボールの虜になったのです。そのとき私は２年生でした。ゲームの間に，私が砂に穴を掘るのに飽きたとき，彼は私をひっぱり出し，ボールをぶつけてきました。私は競技のスタートが早かったと思われていますが（事実６才で始めているのですが）大切なのは，早期に基礎技術を習得したことです。

　ビーチバレーボールにおいて，サーブ役とパス役の争いがもっとも重要なことです。それは決闘のようなもので，16メートル先のニヤッと笑うガンマンと向かい合っているようなものです。サーブ役がたった一人銃を持ってこちらめがけて打ってきます。屋内でのバレーボールでは想像もできない風や太陽，そして騒々しいファンが妨害すること以外には，サーブから逃れることができません。それでも，ベストを尽くし，突進してくるミサイルのようなボールを待ち構え，ネットから1.5メートルの位置にパスしなければならないのです。

　サーバーの兵器に比べたら貧相なものでしたが，レシーバーは元々いくつかの兵器を持っていました。それは，精神的なトリックでサーバーを混乱させることです。ある無礼なレシーバーは下を向き，うつむきながら手を上げて「まだ準備ができてない」とサーバーに言うのです。怒ったサーバーは気をとりなおして，サーブを打ち直します。そしてレシーバーは再び同じトリックを繰り返すのです。そんなことがプロの時代になるまで続き，議論になるもっとも多い理由でした。

　サーブとパスは，いわば心理戦です。このことが，今でも集中の賜物だといわれるゆえんなのです。肉体的にはもちろんのこと，精神的にも準備が必要です。シーズンごとに腕力の時代になっていき，ジャンプサーブはより鋭く強くなりポイントゲッターが活躍する中で，パスが一つの対抗手段となります。上手くプレーするには上手いパスが不可欠なのです。

1── パスの技術

　パスの基本ルールは，まず肘を伸ばして腕を固定することです。できるだけ腕がそろうようにします。そうすると，それぞれの腕が平らになり，大きな平らな面でボールをとらえることができようになります。

　次は，正しいグリップ（自然なもの）を選択することです。中国に，手を返して腕の反対側でパスする選手がいましたが，彼はチームで最悪のパッサーでしたのでこの方法はお勧めしません。

　シンジン選手はグリップを握りません。彼はチームの中の優れたパッサーの一

人なのに，手をそろえないのです。彼は特別なので，通常のグリップを使うことをお勧めします。

　私を含むほとんどすべてのプレーヤーは，私が「スタンダード」と呼んでいるグリップを使います（写真参照）。右利きなので右手で左手を包みますが，逆に左手で右手を包むのが快適ならばそれでもよいでしょう。そして，親指と手をしっかり組むことです。親指は下向きにすると，自然に腕が平らになります。

　二番目に一般的なグリップが，フィストグリップ（P38の写真左）です。片手をもう片方の手で包みます。親指を横にあわせ下を向けるのです。このグリップを使うと簡単には離れないのですが，私の場合はすべりやすくなります。個人差があるようです。

　3番目は基本的なグリップではありません。親指の付け根の辺りを合わせる程度（P38の写真右）です。私はスパイクを拾うのにグリップする時間がない場合にこの方法を使っています。身体の横でボールをパス，もしくはレシーブするときにこれを使うかもしれません。

すべてのグリップに共通しているのですが，手首の少し上でボールをとらえることです。肘をのばし，肩をすぼめ，腕を少し近づけるのです。

　父がトスしたボールを私が返し，父がキャッチした練習を思い出します。1.5メートルほど離れて私の位置より前方や後方にパスを出します。それをミスすることなく10，20回とパスを返します。

　手首の上にボールが当たるようになったら，次は足を動かします。どの方向でも動くことができる最適なポジションから始めます。足は肩幅より少し開き，後ろに動きやすいようにしゃがみ過ぎないようにします。足の位置を少し前後させると，前後左右への動きが自由にとりやすくなります。

　コートを動き回ることには適さないのですが，初めはグリップを固定しておくとボールをすばやくとらえることができます。ボールに近付くまではグリップする必要はないのですが，ボールが当たる前にはグリップをつくります。そしてボールの下に入り，身体の真正面で受けます。しかし，ジャンプサーブに対してこの動作はいつもできるわけではありません。原則としてボールに対して手なり身体なりできるだけ向けることが大切です。自分から離れた距離にあるボールを追うときは，走りぬけるようにパスを行います。

フローターやスカイサーブをパスするときは，低い姿勢を保って最後まで待っていることが大切になります。強烈なジャンプサーブにはベストを尽くすだけです。ニュートラル（中立）な姿勢でいることが重要で，方向を予測してしまうと命取りとなります。強烈なサーブを真正面で受けてしまったら，腕を少し引くとクッションの役割を果たします。この際，腕を別々に引くプレーヤーもいます。手の届かない難しいサーブに対しては，ダイブしながらパスする練習が必要です。

　パスも非常に精神的なスキルです。多大な集中力を必要とします。相手がサーブを打つ数秒前にボールに集中することが大切です。集中するのは，相手ではなくボールに対してです。ボールを集中して見ようとすると，バックサイドまでずっとみることができるような気がします。

　ボールに対しての集中力は，サーバーの威圧するようなにらみをきかした視線や騒々しい観衆からのプレッシャーを遠ざけることができます。それと同時に，スポーツにおいてもう一つの重要な力である「自信」が生まれるのです。簡単なサーブを受ける練習をすることによって，より一層大きな「自信」を持つことができます。「自信」が持てれば，難しいサーブでもパスできるようになるのです。そうなるとどんどん上達することができます。ビーチバレーボールで成功するには，サーバーのどんなサーブでもパスできると信じることです。それは終わりのない練習から生まれるのです。

OnePOINT

集中するのは，相手ではなくボールに対してです。

2 ── パスの戦術

> **OnePOINT**
> 風の中でパスするのに大切なことは姿勢を低く保つことです。

ビーチでは自然と戦わなければならないことを忘れてはいけません。照りつける太陽や，さらに吹きつける風に対し何の準備もしていなければ，試合をひっくりかえされ，最悪の展開がやってきます。基礎知識として，コートエンドからコートエンドまで風が吹いていたら，風を顔に受ける側，つまり風下側のコートがプレーしやすくなります。相手のサーブやアタックが長く，まっすぐになり，反対に，こちらのサーブとアタックはダイブやジャンプを必要とするように変化することがあります。

風の中では，高いパスは致命的です。パスもセットもすべて低くします。パスの弧の高さが2.5～3.0メートルくらいになるようにボールを出します。風の中でパスするのに大切なことは姿勢を低く保つことです。高いボールを処理するときより時間をかけます。そうすれば最後の数秒間で予期せずに変化するような，いたずらなサーブも上手く対処することができます。

理想的なパスは，ネットから1.5メートル離したもので，自分のパートナーがネットから6メートルほど離れた場所からスタートして，ネットにからまずに到着できます。前方にまっすぐパスすることが基本です。そうすれば，パートナーは毎回どこまで走ればよいかをつかめるし，自分の好きなセッティングポジションをつかむことができます。パスをまっすぐ前方に上げることは，アタックするまでに走らなければならない距離を縮めます。それは，サーブを深く打ち込まれたときにはとても大切なことです。まっすぐにパスを行うというこのルールは，右サイドでも左サイドでも有効です。

サーブをレシーブするとき，ライン側のプレーヤーは，ライン際のサーブに備えて後方にいなければならないため，対角線のプレーヤーは一般的にコートの真ん中に位置します。これによって，プレーヤーは移動距離と時間が短縮されるのです。サーバーが前に位置しているならばラインに少し寄ります。ジャンプサーブを受ける場合はこれとまったく異なります。サーブが速すぎるために，コートの真ん中にはいられないのです。たとえ対角線のプレーヤーが少し真ん中に位置していたとしても，パートナーとコートの真ん中を共有します。相手のサーバーが特定の場所に落として私たちペアから2，3度エースをとったら，その方向にポジションを寄せます。

スポーツにおいて，精神的な要素以外のもので，でもいくら力を注いでも足りないものに「コミュニケーション」があります。スポーツでは大切ですが，とくにサーブレシーブには不可欠といえるでしょう。サーブがパートナーに向かってくるときに，私は次のような言葉をパートナーにかけるようにしています。「グ

> **[ラインサーブ]**
> サイドラインぎりぎりに落とすサーブ。ラインぎりぎりに勢いよく落ちるサーブはもっともパスするのが難しい。それはネット際でアタックを打つのに遠い道のりになる。

バレーボールをうまくなるには，コミュニケーションを上手にとる必要がある。

ッド！」「アウト！」「ゴー！」「ショート！」

　プレーの前にどちらがコートの真ん中にいるか確認することもポイントになります。パートナーと常に話し合っておくことが成功の鍵となります。

3── パスの練習

　パスにはいくつかの練習方法がありますが，ターゲットをつくって練習する方法はとても効果的です。ターゲットはゴミ箱でも，小さいテーブルでも，タオルでも，もちろん人間でもよいのです。大切なのは，仮定した場所に，とくにネットから1.5m離した，自分がいつもパスする場所の少し手前に目標物を設定することです。
　目標をパートナーと想定すると，パスはターゲットの胸の位置に狙います。

目標へパス：

　これは初心者からベテランに共通するよい練習方法です。ネット際にパートナーを立たせてコートの半分のどこかにボールを投げます。ボールの下に素早く入ることに集中し，フォームをつくりターゲットにボールを返します。そして走って元の場所に戻ります。

また，つねに目標を設定します。20回で5回パスを決めるようにし，慣れてきたら，10回，15回と決めなければならないように目標回数を増やしていきます。次に，ネットの反対側からパートナーにボールを投げてもらいます。そして最後には，パートナーに通常の位置からサーブを打ってもらいます。フローター，スカイボール，そしてジャンプサーブなど，いろいろなサーブをパスする練習をしてもよいでしょう。

レインボー・ドリル：

　よいフォームを練習するのと同じくらい大切なフットワークの練習として，レインボー・ドリルがあります。左サイドラインから初めて，数メートルずつ右に

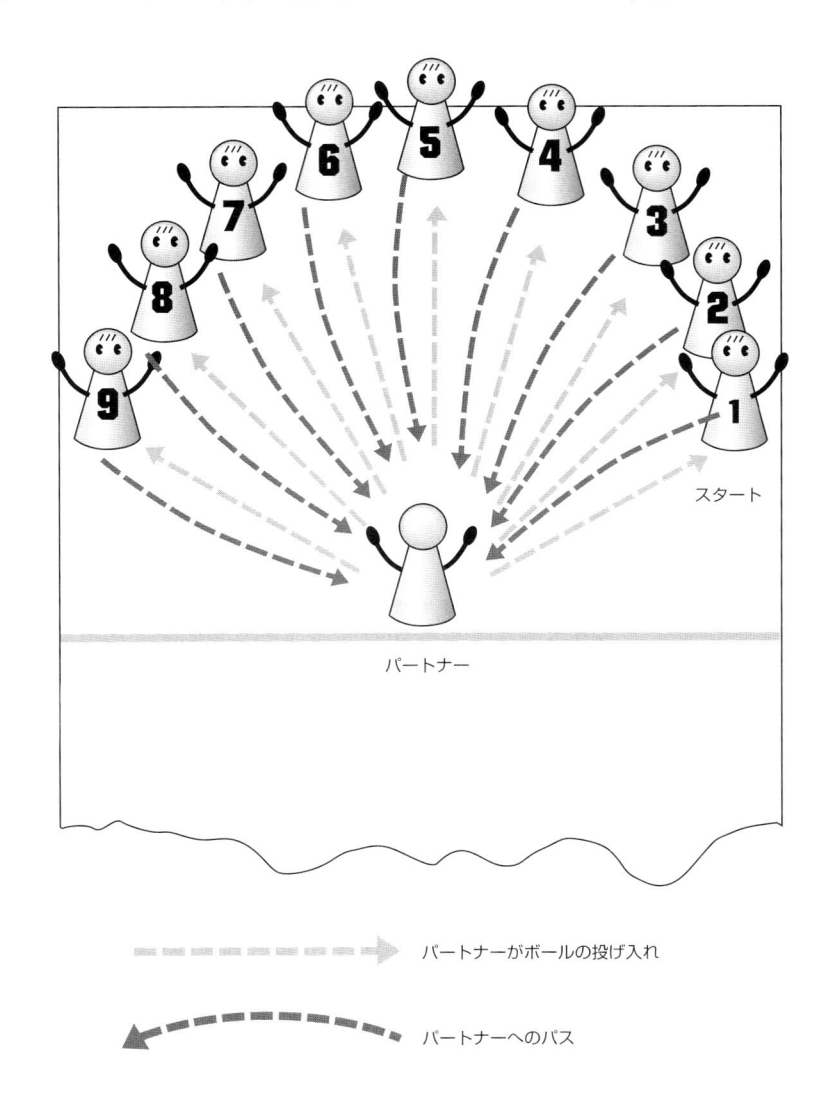

スタート
パートナー

- - - ▶ パートナーがボールの投げ入れ
━ ◀ パートナーへのパス

パートナーはボールを投げていきます。ボールを上げ，パートナーにパスしたら止まります。パートナーは，右サイドにたどりつくまで，どんどん右に深くボールを投げ入れ続けます。そして今度は反対に，左サイドにたどりつくまで同じことを繰り返します。

パス・ゲーム：

　初心者はコートの半分を使って1人対1人で，アンダーハンドサーブから始めます。レシーバーは，ボールを返し，パスを続けます。自分一人で行うパスを1回行い，続けて相手コートにパスします。慣れてきたら自分で2回続けて行い，さらに3回続けて行い，相手コートにパスします。このドリルは，楽しく，競争意識がわき，何よりパスをコントロールするのにいい練習になります。

ジャンプサーブをパス：

　30年以上もパスし続けてきた私でさえも，いまだにパスの練習をします。週末の大会では，ほとんどジャンプサーブしか見かけないので，ジャンプサーブをパスすることを中心に練習しています。

　まずは，ネット際に机やゴミ箱を置いて，そこから（ジャンプサーブに似ている）ハーフスピードのオーバースピンボールを打ってもらいます。次は4.5メートル，その次はエンドライン（8メートル）から打ってもらいます。パートナーにはできる限り，サーブのスピードを上げてもらいます。

　この練習の目的はどこの場所に打たれてもパスできることです。自分のサイドラインから5メールほどの位置に線を引きます。そうすれば半分以上がカバーできます。パートナーが私の両サイドにサーブを打つようにすれば，ダイブしてパスします。練習で難しいサーブをパスすれば（ときには不可能だが）試合で最良のパスができるようになるでしょう。

●―― 勝つための原則

1．サーブする相手ではなく「ボール」に集中する。
2．ボールをできるだけ早くとらえる。
3．身体の真ん中でサーブを受けるようにする。
4．パスはまっすぐ低く上げる。
5．どのサーブにもコールする。

CHAPTER 5
第5章

セット

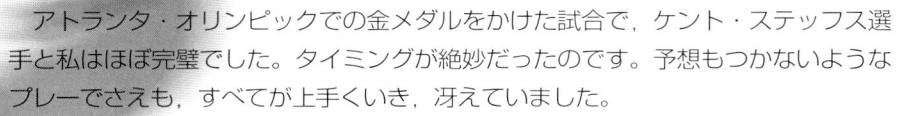

　アトランタ・オリンピックでの金メダルをかけた試合で，ケント・ステッフス選手と私はほぼ完璧でした。タイミングが絶妙だったのです。予想もつかないようなプレーでさえも，すべてが上手くいき，冴えていました。

　とくに，長いラリーではコート後方のボールをディグし，ケント選手はそれを追いかけ，観客の中に飛び込みそうになりながら，強く高くボールを上げました。相手ペアのマイク・ウィットマーシュ選手は，まさかボールが戻ってくるなどとは思わず後ろに下がっていたので，ブロックが遅くなり，私が出きるかぎりの力でスパイクしたボールが彼の手からはじかれ観客席へ飛んでいきました。ケント選手と私は喜びました。何かをつかんだ気がしました。それはこの試合に勝つという予感めいたものでした。

　よいセッティングとは，トップレベルの技だといわれています。パートナーがよいパスを上げれば，よいセットを上げなければという思いより，むしろそれが使命に近いものとなります。パートナーがよいプレーをし，次のプレーをやりやすくするというのは，完璧なセットを上げるということに等しい。本当の意味でスリルを味合うのは，パートナーのパス，レシーブ，そしてブロックまでも調子が悪く，あなたがボールを追いかけてセットを上げなければならなくなったときでしょう。それでも，万が一，ボールをネット際に高く上げることができれば，パートナーが相手チームにボールを打ち込んで試合を決めることができ，最高の興奮につなげることができるかもしれません。

　セッティングが，簡単だというわけではありません。それどころか，ビーチバレーボールではスピンのないボールをセットするため，かなり難しいといえます。スコット・アヤカタビー選手やブライアン・ルイス選手，ランディー・ストックロス選手のような偉大なセッターたちは，何年もの間積み上げられた練習によって，現在の彼らのような名セッターになれたのです。シンプルに見えますが，ボールのスピンやボールの高さの変化に関係なく「回転しない」完璧なトスを上げることができるようになるまでは，相当な努力と練習が必要なのです。

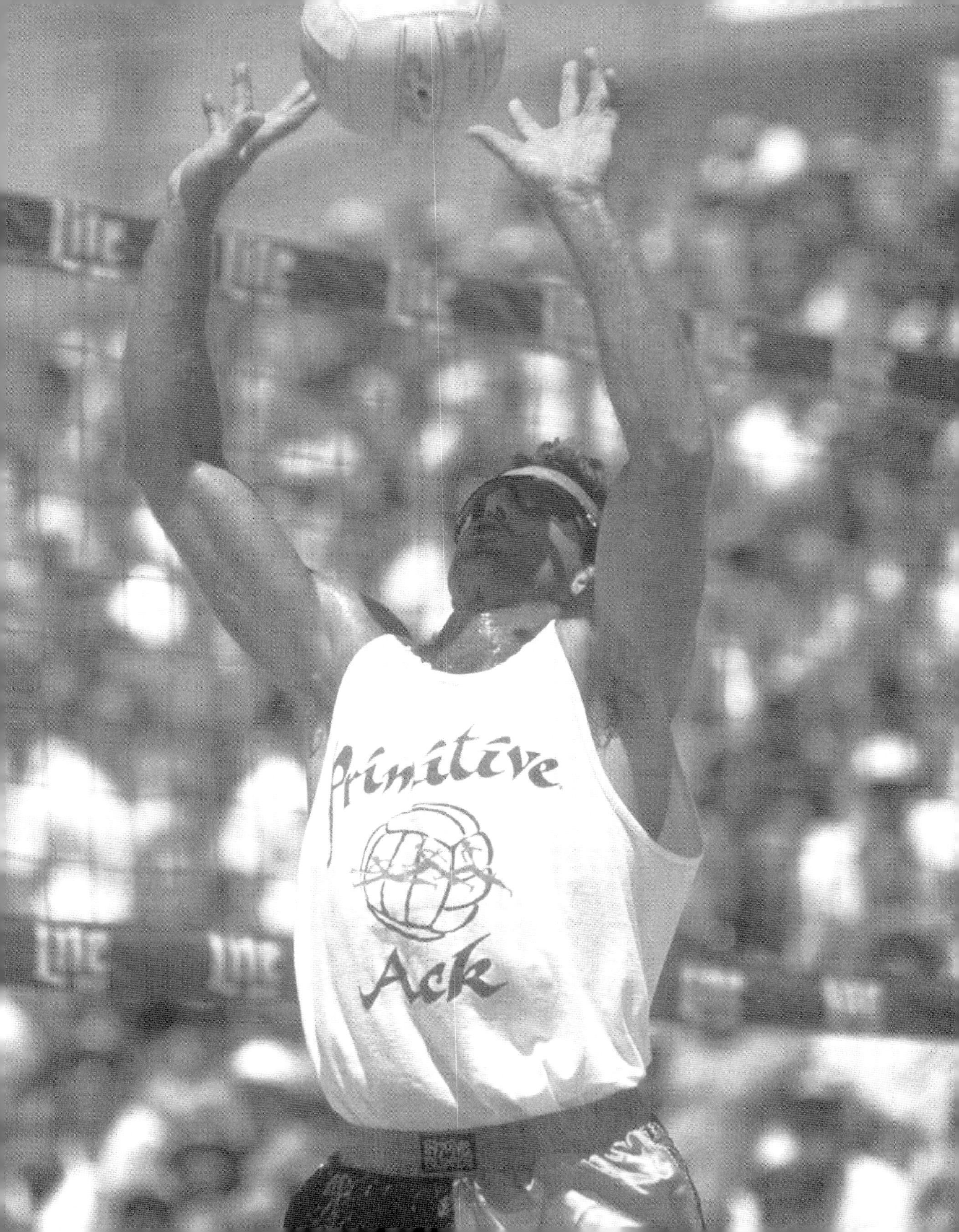
Primitive
Ack

46 BEACH VOLLEYBALL

　セットは，バレーボールの中でもっともエレガントなプレーです。重たいボールを羽のように柔らかく持ちあげる姿は優雅とさえいえるでしょう。残念なことにビーチバレーボールのセットに関する厳しいルールによって，プレーヤーは手を使うかわりに，腕を使ったバンプセットを余儀なくされています。ビーチバレーボール初期の時代のトスには「プレーヤーはボールの正面を向かなければならない」というルール以外は何もなかったのですが…。

オーバーハンドでのセットはやさしく見える。しかし，セットを完璧に行うというのは，もっとも難しい技術の一つである。

1970年代初期にセットの定義が進化し，以降それが定着しました。グレッグ・リーという偉大なプレーヤーがその難しいルール設定を独力で行ったとされています。リー選手はたくさんのプレーヤーがゆるくボールを扱い，相手チームに不公平感を与えると報告しています。リー選手は審判をしながら，トスにスピンをかけることを反則とし，すぐに「ディープ・ディッシュ」の時代がきました。ほとんどのプレーヤーが反則したくないので，はじくようなセットが標準となりました。

　米国のビーチバレーボールで厳しいセットのルールを設定したことが，歴史的に他の国々を混乱させ，さらには国際試合に波紋を投げかけました。他の国々は，屋内でのバレーボールのように厳し過ぎないルールをFIVBに求めました。米国のルールは厳しすぎる以外の何物でもなく，スポーツの基本的な技術を無視したものだと主張しました。AVPはトップ・プレーヤーたる者は高い技術レベルを持つべきだとそれに反論しました。プレーヤーのおかしなセットをルールとして許してしまえば，強いサーブを打つことが有利ではなくなり，それでは公平ではないと彼らは主張しました。

　アトランタ・オリンピックでのセットの定義は理想的なものでした。不公平にならないようにゆるすぎもせず，かつ厳しすぎもせず。AVPは圧倒的に厳しい技術レベルを支持し，委員会もそれを支持しました。アメリカの伝統を死守したといえるでしょう。

　ビーチバレーボールで両手を使うならば，セットに時間を費やすことに耐え，どれが"スロー"でどれがそうでないか，つまりどうすると反則でどうすれば反則ではなくなるか，といった重箱の隅をつつくような論争にも耐えなければならないことを覚悟しておかなければならない。

1 ── セットの技術

　セットの基本は親指を下に向け，10本の指先を押し合わせることです。次に額の辺りに手をくっつけたまま上げ，パッと離してみます。そうすれば，両手はボールを包むイメージになります。指を離すことによってボールを小さなバスケットに投げ込むようになります（p.48の写真参照）。

　セットを上げるときは，指のふしでボールをとらえます。決して手の平でとってはいけません。それは反則です。両手にボールが落ちてきて固い指でとらえるよりむしろ柔らかい手首でとらえ，肩幅より広く肘を広げます。指は手首がちょうどトランポリンのように戻り，適切な方向にボールを導いてくれます。

　ビーチバレーボール・プレーヤーは，ボールを長く持つ傾向があります。とき

[ディープ・ディッシュ]
料理用語ではない。1980年代に発展したトスのテクニックであり，ボールを手の中で長く保持し，より深く捕らえ，まったく回転を掛けずに上に押し上げることである。見た目には美しい動作だが，行うのは非常に難しい。ネットがあるために，ボールをセットするときに両手を敢えて使うプロ選手は数人しかいなかった。

[スロー]
トスを行う際に起こりうる違反行為。レフリー次第であるが，これは主観的な判定といえる。しかし，ボールに一様ではない回転がたくさんかかっている場合や，手と腕が指している方向とは異なる方向にボールが行くようであれば，プレーヤーは反則がとられることを覚悟しなけえればならない。

どきそうしたくはないのに，肘を大きく広げてみえます。実際は，ボールが送り返されるほんの少し前にボールの重みが手首を押し返しているのです。

　パートナーがサーブをレシーブしたらすぐに，ネットから1.5メートルくらい前のセットを行う位置に駆け寄ります。駆け寄る間も，悪いパスを予測してパートナーとボールを見ていましょう。そうなったら，方向を変えてボールを追う準備

第5章／セット　49

をしなければなりません。第一のルールはボールを早くとらえ，正しい位置につくことです。ちょうどボールの真ん中，そして真下に，足は少し楽にして待ちます。ボールが待ち構えた手に落ちてくるとき，ボールが鼻の前にできている橋に落ちてくるイメージになります。セットを上げるときは，足，腕，手を構えます。そして，ボールを持っていきたい場所に向けてただ両手を伸ばします。

　バンプセットは，前腕でのパスとは少し異なります。バンプセットでは，腕は地面と平行にすることにより，ボールを直接持ち上げます。ボールの下に入るために膝を少し曲げて，身体の正面でセットを行います。もし，ネットから遠い位置でのパスや，高い位置でのディグ，そして回転しているボールなど，難しいトスを強いられたら，ボールの後ろに直接入りこみ，目標を正面にみてください。また，身体の横でとらえるようなバンプセットはできるだけ避けたほうがよいでしょう。

2 ── セットの戦術

　両手を使うか使わないか？　よく言われる「手の組み違い（ミスハンドリング）」がない場合は，両手でのトスを勧めます。最近，私はほとんどバンプセットを使っています。過去に何度か，接戦で相手と競り合っている試合でたった1回のミスハンドリングによって負けた苦い経験があります。相手ペアにただで点をやってしまうことになるため，トーナメント・ツアーに出るほとんどのプレーヤーが危険をおかしてまで両手でのセットをしなくなりました。しかし，もしあなたが両手でのセットを正確に行えるならば，ハンドセッティングを行うのがよいでしょう。セットが正確になり，スパイクが打ちやすくなります。ただし，高いレベルでの試合になると，それはかなり危ない賭けになるかもしれません。

　ビーチバレーボールにおいては，どちらか片方の選手が必ずセットを行います。この場合，単にパートナーが好むセットを上げるのがよいでしょう。ほとんどのセットの高さは，セッターの身長よりも4.5メートルほど高いものです。さらに上のレベルのセッターになるとパートナーの好みのセット（たとえば高めとか低めとか，外寄り，内寄り，ネットから遠め近めとか）を，さらに高いレベルになると，相手ペアの動きに合わせてセットを決めます。マイク・ウィットマーシュ選手のようなブロッカーが前にいたら，ネットからボールを離してセットをします。そうしないと，ハンガリー出身のマイク選手の高くそびえ立つ2つの手にスパイクが毎回止められてしまうのです。

　繰り返しになりますが，「コミュニケーション」は重要です。ボールをレシーブしたら，パートナーにどんなセットがほしいかを伝えます。たとえば，「真ん中高め」など。時にはパートナーの後ろまでボールを追いかけてコートをかけ回ります。「後ろに上げて〜」と。常にパートナーと声を掛け合うことが大切であることを憶えておいてください。

　最後に，両手によるセットにしてもバンプセットにしても，風とトップスピンを計算に入れることが鍵になります。風を顔に受けたりトップスピンがきたら，ネットに向けてセットを強めに押し出します。風を背後から受けて，トップスピンも加わってしまっていたら，セットを少し弱めに押し出します。

3 ── セットの練習

　繰り返しの練習が，完璧なセットをつくります。

OnePOINT

単にパートナーが好むセットを上げることがよい。

狙った場所にセット：

　もっともよい練習方法は，レシーブをしている通常のポジションからはじめて，ネットに寄って行い，パートナーにコートのいたるところにボールを出してもらうことです。そして，出してもらったそのボールをセットし，テーブルやタオルといった目標にめがけて落とすのです。さらに，慣れてきたら，ボールを出す人に場所をいろいろと移動してもらい，ボールを投げ入れてもらいましょう。20回セットすることから始めて，回数を増やしていきます。

レインボーにセット：

　セットの正確さとフットワークのために「パス」の章（第4章）で説明しました「レインボー」と同じ動きを行います。「パス」を「トス」に置き換えればよい。

両手で強くトス：

　両手でのトスの強さを増すためにバスケットボールをします。パートナーにコートの反対側からボールを投げて入れてもらいます。そのボールを両手で，コートの反対側，ネットから30メートルくらい離れたところへ押し返します。50回繰り返してやれば，上達は早いでしょう。

ボールを拾い出す：

　一人でできる練習として，回転のかかったボールだけでなく高さのあるボールなど，拾い出させるボールをセットします。いろいろと異なる高さにボールを上げ，ボールの下まで走り，目標に向かってトスします。回転したボールを両手で投げ返し，異なる方向へトップスピンをかけ，そのボールを追いかけて拾い，またセットしましょう。

●—— 勝つための原則　GOLDEN RULES

1. パートナーのセットの好みをつかむ。
2. どちらがブロックするかを意識し，ブロッカーに合わせたセットをする。
3. 拾い出すようなボールに対しては，ボールの後ろに回り，目標の正面を向く。
4. パートナーはディグしたボールをどこにセットするかを知っておく。
   そのために，コミュニケーションをよくとる。
5. 風とトップスピンを常に計算に入れる。

CHAPTER 6

第 章

スパイク

　私が初めて2人制のビーチバレーボールでゲームをしたのは9歳のときでした。そして11歳で父とペアを組んでトーナメントに出場しました。2人制のビーチバレーボールでの主要な戦略は，相手の弱点を有効に利用することであり，皆やせた子供を狙うようにすべてのサーブを私に向けて打ってきました。13歳までは強烈なスパイクを打つことができませんでしたが，ショットの技術を使って相手コートに返すことはできました。私はディンク（a dink），カット（a cut），ディープライン（a deep line），ディープアングル（a deep angle）の技術を学び，これらのショットをうまく使いこなせるようになってからはそれらを使って，コートの四隅にボールを打って大人のプレーヤーが拾うのをあきらめさせることにとても喜びを感じていました。

　私はこの9歳から13歳までの4年間の早い時期でのプレーで，人がいう「4コーナーオフェンス」の基礎を習得することができました。どのレベルにおいてもよいプレーヤーになるためには，この技術をマスターしなければなりません。このことは屋内でのバレーボールとビーチバレーボールとでの大きな違いのひとつです。砂の上での攻撃では，屋内でのバレーボールではほとんど通用しないソフトショットがよく使われます。2人の選手で8メートル四方のコートをカバーしますが，柔らかい砂の上にはボールを落とすことができるスペースがたくさん空いています。

　スパイクを打つことは初心者全員がやりたいと思っていることです。スパイクはスポーツのもっとも魅力的な場面で，またバレーボールの動きとしてはもっとも知られたものであり，バレーボールにもっとも関連したダイナミックな技術です。プロ化によってルール変更される前は，ネットは男子の場合7フィート9インチ（2.36メートル）に張り，プレーヤーはネットを越えるブロックを禁じられていました。ゲームは長時間にわたり，がんがんショットを打ち続け，プレーヤーたちが必死になってボールを追いかけ，そして力尽きていく姿をファンはただ楽しんでいました。

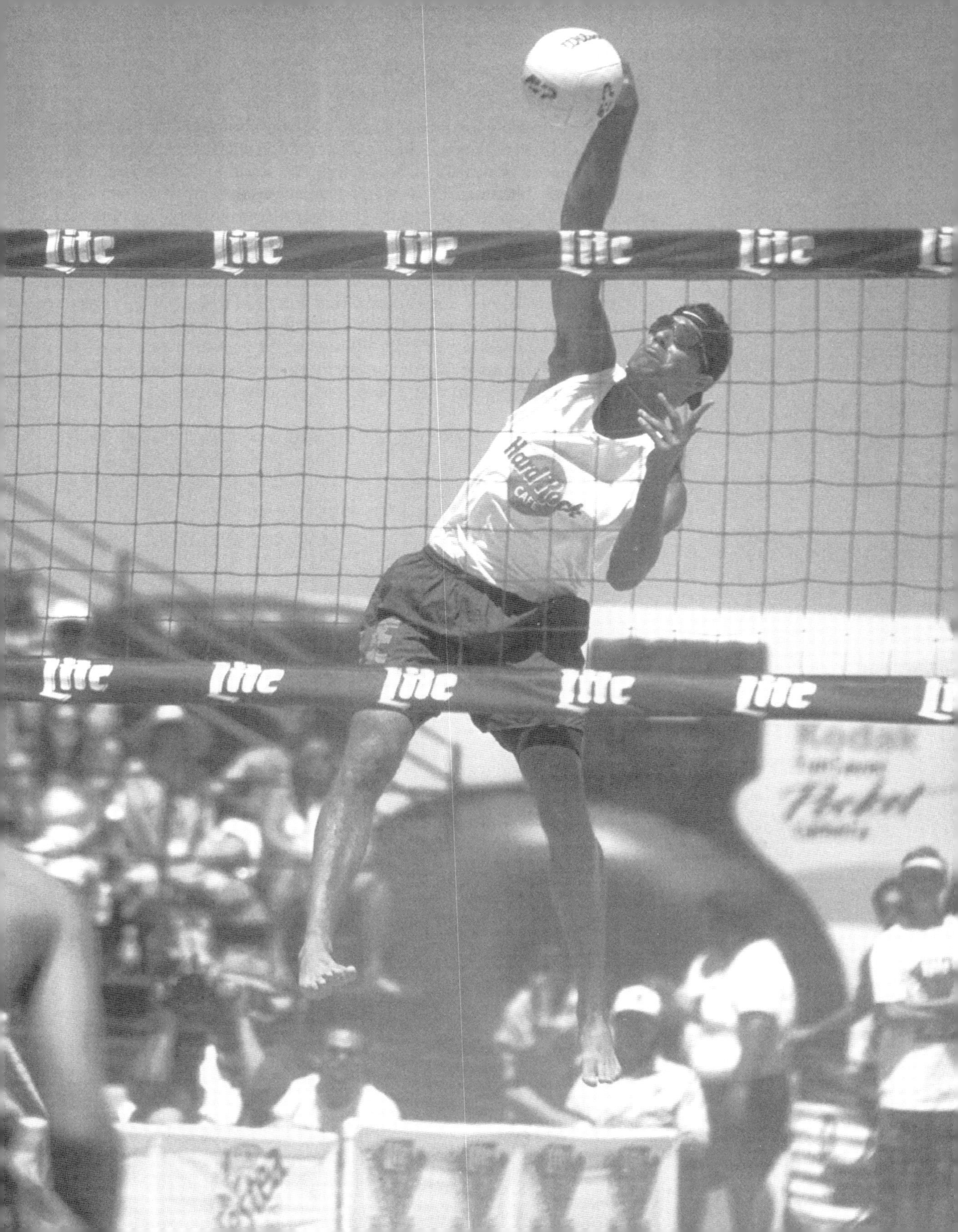
Lite
Hard Rock CAFE

54 BEACH VOLLEYBALL

[50-50セット]
ネットのちょうど真上へのトス。つまり，ボールの半分は相手コートにあり，ブロックがついていなければスパイカーにとって夢のような状況のことです。

[ネットの高さ]
ビーチバレーボールにおけるネットの公式の高さは，男子は2.43メートル女子は2.24メートル。屋内でのバレーボールと同じ高さ。

ブロックがついていない状況でのネットのちょうど真上へのトス，いわゆる「50-50セット」は，とても面白い見せ場です。1960〜70年代に活躍した「スタープレーヤー」の一人に，ヘンリー・バーグマン選手がいます。サンタバーバラ出身で，無口で有名でしたが，彼のプレーからたくさんの掛け声が生まれました。彼がボールをパスすると，すぐに観衆は彼の助走に合わせてうめきはじめます。そしてヘンリー選手が次のトスでスパイクを打つと同時に彼らは掛け声を爆発させたのです。「アアアアァァァ・・・ブゥゥン！！」

いつの時代でも柔らかい砂の上でスパイクを打つことは簡単なことではありませんが，いい基礎作りになります。また，完璧なスパイクを打てるようになるためには，たくさんの時間を費やさないといけないことを知っておかなければなりません。確かに，ジャンプしてスパイクしたボールが砂の上をバウンドして6メートルくらい高く跳ね上がれば気持ちがいいものです。私はそんなことを朝から晩までプレーし続ける男たちをたくさん見てきましたが，長時間にわたる高いレベルでの試合において自分が効果的なアタッカーであることを証明できる人はごくわずかでした。

ヘンリー・バーグマン選手。彼は1960年代後半に活躍したすばらしい選手であった。

1 ── スパイクの技術

スパイクは，次の3つの基本的な要素，アプローチ，ジャンプ，そしてコンタクトを必要とします。アプローチは，単純に平らなところから弾みをつけて垂直

にジャンプするまでの移動です。アプローチは，屋内でのバレーボールでは簡単に説明できます。たとえば，屋内での4ステップのアプローチについては説明できますが，砂の上では説明ができません。アプローチは，あなたがジャンプするところまで何歩でも必要だからです。もしあなたがエンドライン際でパスをしたらジャンプするまで8メートルの移動が必要となり，反対に相手が短いサーブを打てば，たったの2歩しか必要ありません。だからビーチバレーボールのプレーヤーは，ステップを数えなければなりません。

　アプローチでは，パスした後すぐにネットに向かい始める際，できるだけステップ数を少なくします。「短すぎず，歯切れよく，しかも大股で」あなたがジャンプする場所から1.2～1.5メートルほど離れていればアプローチの最後の1歩を力強く踏み込めます。その時どちらの脚で踏み切るのが一番よいかを選びます。つまり最後のステップを左か右かということを決めるのです。私のように右利きの場合，屋内でのバレーボールにおいてアプローチでは最後の力強い一歩を右脚で踏み，左脚を揃えるようにしています。私は，屋内でのバレーボールではこの方法を用いますが，ビーチでは逆を使います。左脚で踏み切ることを「グーフィーフット」と呼ばれています。これはライン打ちに適していますが，初心者にはどちらの脚がやりやすいかということが大切です。

　また，よいアプローチとは最適なヒッティングポジションの直線上にあなたを持っていくことです。これが身体にもっとも力が入りやすく，一番負担がないのです。左サイドにいる右利きのプレーヤーは，スパイクが対角になるように少しまわるとよいでしょう。身体の構造上，あなたの右側，つまりボディラインの外側にボールを打つ際，全力を出せないようになっています。対角に向かえば，対角に力強くまっすぐに打てるのに加え，胴を左に思い切り回し，ライン際に強く打つこともできます。右サイドにいる右利きのプレーヤーも，ラインに向かってまっすぐ打つか，胴を左に回しアングルに打つこともできるのです。左利きの人はこの逆になります。

最後の踏み切りの後，引きずっている脚はジャンプに向けて両足を揃えるためにすばやくアプローチした脚に近づけます。足を揃える間，腕は後ろに振り上げ，それからジャンプと同時に振り子のように前にスイングさせます。90度くらい膝を曲げて構える場合，なるべく高いところを狙って跳び，背中を反らしてボールを見上げます。腕を高く上げると空中で安定しながらもっと跳べるようになります。

　やわらかい砂の上でジャンプするようになってからは，いかなるときもブロード（横への移動をしながらの）ジャンプをすべきではありません。ボールがつねに身体のすぐ前にあるようにボールの後ろを跳びます。そして，頭から15センチくらい前方の高さにボールがあるようにします。砂が深いとそこから抜け出すのは大変なので，そのような砂の深いコートで練習することを心がけてください。試合でもきっとうまくいくでしょう。降りてくるボールに向かって上昇し，腕を弓矢のように移動させ，打つ腕を頭の後ろに持っていきます。腰が胴より前に来るように反り，肘が頭の近くを横切るようにし，腕が一番高いところでボールに当たるようにします。さらに，スパイクする手の指を開き，手全体でボール全体に当たるようにすると，スパイクのコントロールがさらにしやすくなります。手首をボールの上に持っていき，ボールをコートにもぐりこませるようなスピンをかけましょう。

　ビーチバレーボールでは，

ボールの時計の針でいう「12時ちょうど」の位置でアタックすると，まっすぐに進むスパイクになる。

するどいスライスボールは屋内での場合より重要であり，手がどこでボールに当たっているかということは大切なことです。時計をイメージしてボールの方向を親指でコントロールするという面白い方法があります。もしまっすぐ前にスパイクを打ちたければ，ボールに親指を当てる場所は12時の方向であるはずです。もしあなたが右方向に打ちたければ，10時か11時の方向になり，逆に左に打ちたければ，1時か2時の方向になります。どのショットでも効果があるのは最後の最後まで動きを隠すということです。同じ力を使い，いつも爆発的なアプローチからもっとも高い位置でボールをとらえますが，相手に自分のショットをわからせない（伝えない），つまり「ここに決めよう」と思って最初はアプローチに入りますが，いつでも作戦を変えることができるということです。ソフトなショットを真っ先に考えると選択に限りがでるということです。また，ジャンプのできる2メートル近い身長のブロッカーに向かってスパイクを打つ場合もありうるため，自分自身のジャンプとリーチの高さをつねに最高に必要とすることも頭に入れておきましょう。

　ディンクショットや短いショットをブロックの上から行う場合，1番最後に腕をゆっくり下ろし，降りてくるボールの最後部に少しスピンをかけて手から落ちていくようにします。するとボールはブロッカーから1〜2メートル離れ，サイドラインの1〜2メートル内側に落ちるでしょう。

　よいカットショットとは，美しく，またマスターするのがもっとも難しいものです。ボールをあなたから1.5〜3.0メートル離れたところにセットし，ネットにできるだけ近く落ちるように練習しましょう。左サイドからは，ボールが10時方向で当てることが重要です。右からは2時方向で当てます。最後の瞬間に，ボールを運ぶために手首を動かして，ゆっくりとしたスイングを行います。ボールが落ちていくのについていくようにすれば，もう少しスライスさせることができるでしょう。

　ディープラインショットやディープアングルショットでは，ボールを巻き込むようにして行うスパイク，つまりブロックの上を越える「虹」のようなショットを除き，通常のスパイクと似ています。ディープアングルショットのよいことの一つは，コートがより広くなることです。対角のコーナーまでの距離が12メートルにもなるのです。そしてそれはより高い「虹」のようなショットを行える距離を得ることにもなります。繰り返しになりますが，最大のアプローチとジャンプに専念し，腕のスイングをスローダウンさせてエンドラインと両サイドのラインから1メートル内側を狙って打つことが重要です。ボールを12時の位置，つまり正確に打ちます。ボールの横をたたくとボールはコートの境界線を割り，ラインを越えてしまいます。また，トップスピンがよくかかれば，ボールをプレー可能

[ショットの種類]
スライス（slice）とは，あまり角度のないところからの強烈なスパイクのこと。もし右利きであれば，ブロッカーの腕の内側，願わくばディフェンスの選手の正面へスパイクすることになる。
ディンク（dink）はネットをぎりぎりで越える，またはブロックを超えるだけの，つまりディフェンスの選手の前への短いショット。
カットショット（Cut shot）はネットに沿ってショットし，ネット際すれすれに落とすショット。
レインボーショット（Rainbow shot）は相手のディフェンス選手の頭上を越えるショット。

OnePOINT

両方から打てるよう練習してください。それこそがあなたのスパイクをより向上させるための特別で最良の方法です。

な区域内にとどめておくことができます。

　最後に，驚くほど頻繁に「オフサイド」からのスパイクを要求されることを知っておいてください。左側の人がブロックの後ろにディグする際，右側からスパイクを打たせるようなセットがパートナーから上げられるし，その逆もあります。両方から打てるよう練習してください。それこそがあなたのスパイクをより向上させるための特別で最良の方法です。両方でプレーできるようになることにより，さらにパートナーを選ぶ幅が広がります。両サイドでプレーできることは，ビーチバレーボールでは人気者になれるということです。

2 ── スパイクの戦術

　「常にコート内に決めろ」という教訓を強調しすぎることはありません。たとえば，相手がスパイクを拾ったとしても，その後相手はサイドアウトやポイントまで切り返さなければなりません。ラリー中に何度決定的なスパイクを打ったとしても，単純なミスをしてしまったら，二度とチャンスはこないでしょう。相手に点を獲られるまでできるだけ動かしましょう。

　自分のスパイクを恐れずエンドラインから1〜2メートル内側に打つような余裕を持ってスパイクを打つことを常に念頭におきましょう。2人制のコートにはたくさんのスペースが空いています。とくにブロッカーが跳んでいる時がそういえる瞬間であり，完璧なスパイクを打つ必要はありません。

　「守る場合，コートの真ん中に行け」とビーチでは言われています。ネットから離れたセットの場合，中央にボールを返すことが非常に効果的なのです。その方法はよく使われているわけではないが，私の好きなショットです。ブ

すばらしいブロックは，試合をヒートアップさせる。

ロッカーがラインを守る場合，レシーバーは対角側で守っています。逆も同様です。これは普通，コートの真ん中にポッカリと穴を開けることになります。つまり，エンドラインの中央で1.5メートルほど内側に7～8割の力でスパイクを打てばよいのです。また，ブロッカーが跳ばない場合，レシーバーが両方のサイドラインに構えるため，深め目に7～8割の力でスパイクを打つことはとても効果的です。

　ブロックの技術は，レベルの高いプレーにおいて経験をつめば積むほど，レシーブと同様，肉体的にも精神的にも明らかに向上します。試合は相手が次に何をするかを読み合うフェイクやフェイントなどの駆け引きに満ちたイタチゴッコのような争いなのです。

　ブロッカーはどのコースを守るというサインをプレーの前に出し，そのサインに従ってレシーバーが来ると予想される位置に行きます。スパイカーを迷わすためにトスが空中にある間にレシーバーはその場所に入ったり出たりと早い動きをしてみせます。たとえば，ブロッカーがラインを守ると分かったら，レシーバーはコートの中央からスタートしラインへ向かって1メートルくらいすばやく動き，それからレシーバーはスパイカーが見てないと予測して一気に対角側にダッシュします。

　このすばやい守備はとても効果的ですが，成功させるためには高度な2つの技術が必要です。はじめにスパイカーにはアプローチの間に相手のレシーバーがコートのどこにいるかをすばやく見ることが要求されます。プレーヤーは，たとえジャンプしている間でも，相手を見るような練習をしています。これがなぜこれほど価値ある技術であるかということは考えるまでもなく，ぜひとも試してみるべきです。しかし，習得するにはかなりの時間を要するということ，そしてすべてのプレーヤーがつねにできるわけでないということも知っておかなければなりません。最終的に，ゲームでの他の技術練習に時間を費やしたほうがよいと気づくでしょう。

　次にお互いができることは，単にセットする人にオープンショットといわせることです。あなた，もしくはパートナーがセットするとすぐに相手の守りを見なくてはなりません。もし，ブロックが飛んでいなければセッターは「ノーバディー」または「ヒット」と叫びます。また，もしレシーバーがラインに守っている場合，セッターは「カット，カット」または「アングル，アングル」と言います。この場合2回言ったほうが確実です。ネット際で動き回っている慎重なディフェンスの選手に対しては，セッターは最後の最後までコールを待ちます。それはスパイカーにとってセッターの指示を待ち，最終段階においてスパイクを変えることになるため難しいことです。

[take away]
ブロッカーが1人ついている攻撃側の中立的な場所。ブロッカーはどこがtake awayのエリアか，角度か，ラインかといったサインを出す。レシーバーはレシーブするためにオープンな場所で守る。

BEACH VOLLEYBALL

　私がスパイクする時，ほとんどの場面においてどこに打つのか決めています。第一にブロッカーを避け，次にレシーバーの位置を確認します。この技術は周辺を見ることによって可能となりますが，身に付くまでに時間がかかります。私とパートナーは普段トスを上げた時にコールしますが，ほとんどのプレーヤーはスパイクを打つとき彼ら自身の視野と判断に頼っています。しかし，ブロッカーがまったく跳ばないときと，レシーバーが早く入りまったく動かないときは例外です。このような状況ではコールは重要であり，またコールすべきです。

有能なスパイカーは，ブッロクを見ている。

早かれ遅かれプレーヤーは，ブロックの周りもしくは上から打つことを学ばなければならないし，それがスパイカーにとってすばらしいチャレンジとなります。完璧なスパイクフォームを覚えた後にもっとも大切なことは，ブロックを見る技術を向上させることです。それはジャンプしてからボールを見ることによって周囲の様子が見えてくるということです。練習でブロッカーがどこにいるのか，またその手がどこに動いているのかを見ることができるようになります。

最初に，ブロッカーの身体のポジションに集中することです。相手はライン上，または内側に傾いていますか？もし相手があなたのスパイクを打つ肩の前にきちんとついていなければ，あなたはすでに優位にいます。次に，あなたの目をコートからはずしてブロッカーの手がどこに動くか見るようにします。相手があなたのラインをまっすぐに押さえるか，クロスカットに手を持ってきていますか？よく見えていればブロックについていないところを狙って打てるか，またはソフトショットを使って相手の上，もしくは横を抜くことができるでしょう。

> **OnePOINT**
>
> 完璧なスパイクフォームを覚えた後にもっとも大切なことは，ブロックを見る技術を向上させることです。

3── スパイクの練習

バレーボールでは，ほかの技術練習と比べてスパイクの練習がもっとも多いかもしれません。
たとえば，スパイクのセンスがよければ，プレーヤーはレシーブやサーブの練習よりスパイクを打ちたがるでしょう。ここでは，あなたのスパイクを完璧にするのに役立つ練習方法を教えましょう。楽しみながら練習できると思います。

4コーナーオフェンス：

「4コーナーオフェンス」とは，スパイクでコートの4つの示されたエリアにスパイクを打つことです。砂にラインを引くか，タオルやTシャツでコーナーに印をつけます。この練習はパートナーにトスを上げさせるか，1人の場合は自分でボールを上げて行います。各ゾーンを10回づつ練習し，時計回りで40回行ってください。

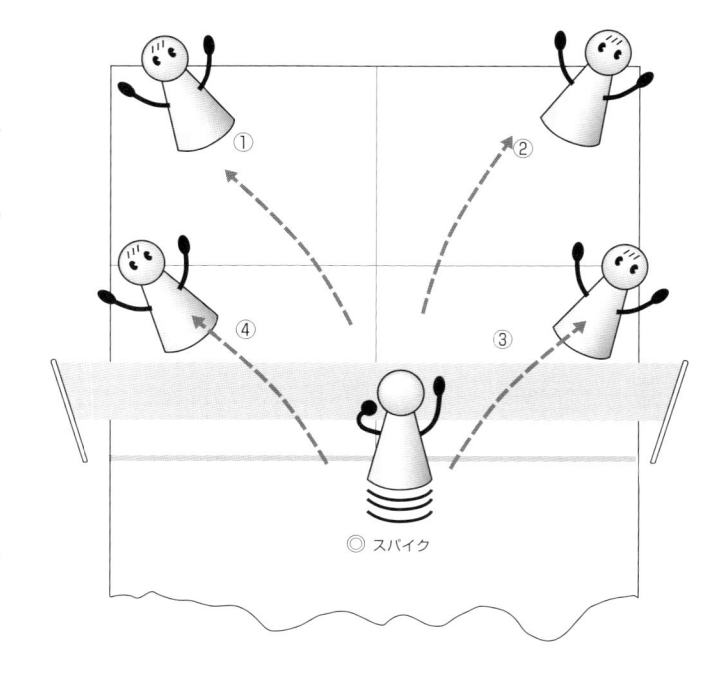

強いスパイク：

　強いスパイクの練習には，下図のように各1.5メートルのエリア（ライン，ミドル，アングル，そしてディープ）を描きます。スパイクをそれぞれ4ゾーンに打つ練習をします。よいオーバースピンをかけ，ボールを各エリアに入れるように強くスパイクします。

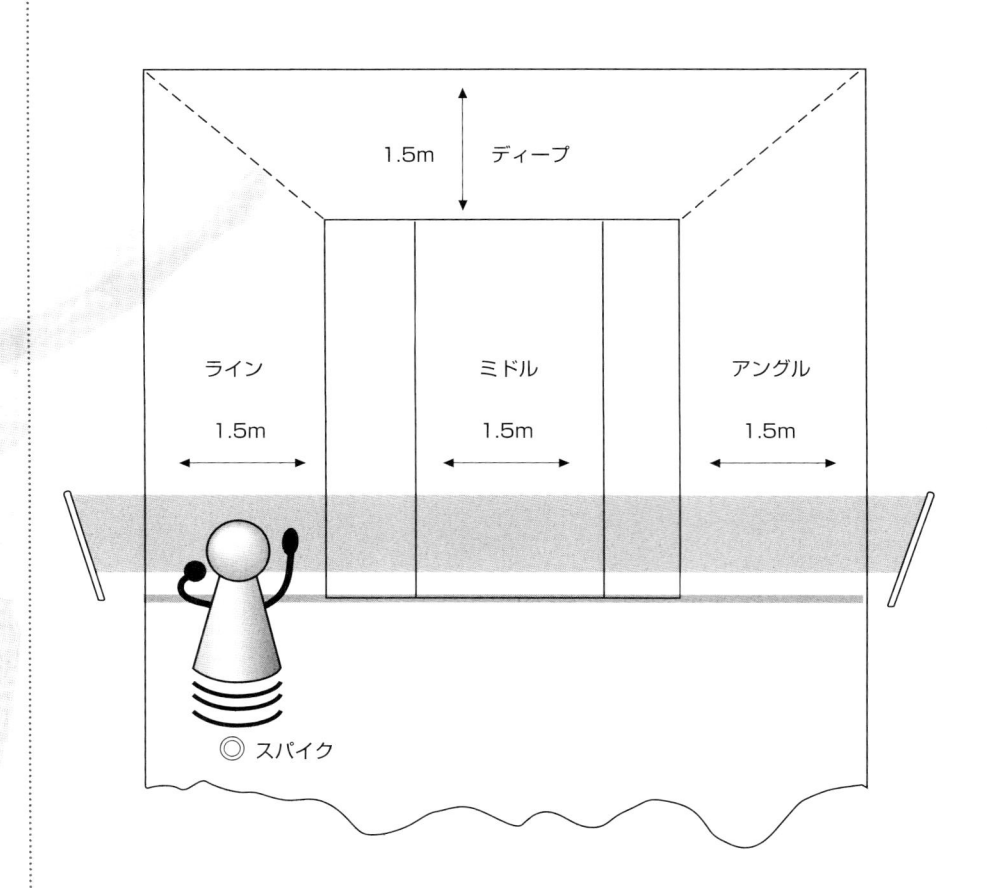

ブロックを避けてスパイク：

　ブロックに対してスパイクを打つ練習の際は，パートナーをテーブルやゴミ箱などの上に立たせてブロックと同じ高さにつかせます。まずライン，アングルとブロッカーの周りにスパイクを打つ練習をするときは，ブロックをする人の手の位置を固定させなくてはなりません。そしてショットをブロックの上や周りから打ちましょう。ディンク，カット，アングル，そしてディープ，これら4つのショ

ットを成功させた後，つぎにブロッカーは試合のときのように，ライン，アングルといったいろいろな場所に手を動かしはじめましょう。これらの動きを目でとらえ，ブロックを避けてスパイクを打ちます。

　スパイクを上手に打てるようになりましたら，人間によるブロックを使って練習しましょう。あなたのパートナーに対し10回打ち，相手からも10回打ってもらいます。始める前にブロックがどこにあるか教え，そこから試合と同様にブロックを動かします。何度成功したか，スコアをつけてください。

　本物のブロックを使って練習した後は，レシーバーをつけてみてください。もう一度，静止状態からだんだん動かし，あなたを迷わすようなブロックに対してもダイナミックなスパイクを打てるようにならなくてはなりません。スパイクを20回，自分自身の視野と判断で練習し，そしてセッターの敵がどこにいるかというコールに反応していくようにします。

2人でスパイク：

　2人でのみ楽しめる練習法は，自分でトスを上げ，示したエリアに思い切り打ちます。ライン，アングル，10回強打したら今度は相手があなたに向かって打ちます。10回中もっとも多く示したエリアにスパイクを決められたかで競争します。

ミスセットに対応したスパイク：

　ミストスに対応したスパイクの練習をします。

　セッターが難しいトスを上げてしまった場合，コートのどこにいても1.5〜3メートル後方に下がります。4コーナーに打つときと同じように，コートの真ん中に正確に打つ練習をしてください。さらに2人のレシーバーをおいて，そのうえでスパイクを決めることができるように練習してください。

●── 勝つための原則 GOLDEN RULES

1. つねにコートの中にボールを打つ。
2. つねにスパイクを打つようにアプローチします。最後の瞬間まで，ソフトショットすることを気づかれないようにする。
3. 「4コーナーオフェンス」をマスターする。
4. パートナーのコールを聞き，相手の空いているエリアを知る。
5. ブロッカーの身体の位置や手の動きを意識する。
6. 強打の際，1.5メートルまでのずれは許す。

CHAPTER 7
第 章

ブロック

　ビーチバレーボールが本格的に組織化されたスポーツとして成立してから50年。数ある試合の中でもレドンド・ビーチ（Redondo Beach，米国）で開催された1979年世界選手権の優勝戦がベストな試合の一つだったと言われています。

　私が18歳，パートナーのシンジン・スミス選手が22歳の時で，相対したのは最初のラウンドで敗退して，敗者復活ラウンドを大変なスタミナをみせて勝ち抜いてきたアンディ・フッシュバーン選手とデイン・セルジニック選手のペアでした。最終戦は日がすでに沈んでから始まり，15対15のタイ・ゲームになったのを覚えています。

　観衆も暗闇の中に残っていました。そして，どういうわけか日暮れ時よりも，真っ暗になってからのほうがラリーの連続回数が多くなりました。行ったり来たりのシーソー・ゲームで，どちらも譲る気配をまったくみせません。私たちがやっとの思いで17対16としてリードを奪い，マッチポイントのサーブを得ました。長いラリーが続いて，ネット際のセットに向かってデイン・セルジニック選手がジャンプしました。彼の打ったボールは私の頭上を越してバックコートへ向かって，サイドアウトになるかに見えました。

　不思議な国のアリスに出てくるチェシャー猫のように，デイン選手が闇の中で真っ白な歯を見せて笑みをもらしたのを今でも思い出します。しかし，当時のルールではスパイクでもブロックでも，ネットの延長線上にプレーヤーは手を出してはいけないことになっていました。1960年代に一流プレーヤーとして活躍したブッチ・メイ選手がレフェリーでしたが，彼が静かに宣言しました。「ポイント！ネット越し」と。

　「エッ？」フィッシュバーン選手とセルジニック選手が叫びました。私たち4人は全員疲労困憊の状態で，彼らは抗議する余力も残っておらず，私たちも飛び上がって喜ぶような元気もありませんでした。レフェリーのブッチ氏があの暗闇の中でどうやってネットが見えたかは永遠の謎のようなものです。オープン・トーナメントで敗者復活ラウンドを勝ち抜いて優勝したチームはいまだかつてないが，彼らは紙一重というか指先で優勝をつかみそこねたといえます。

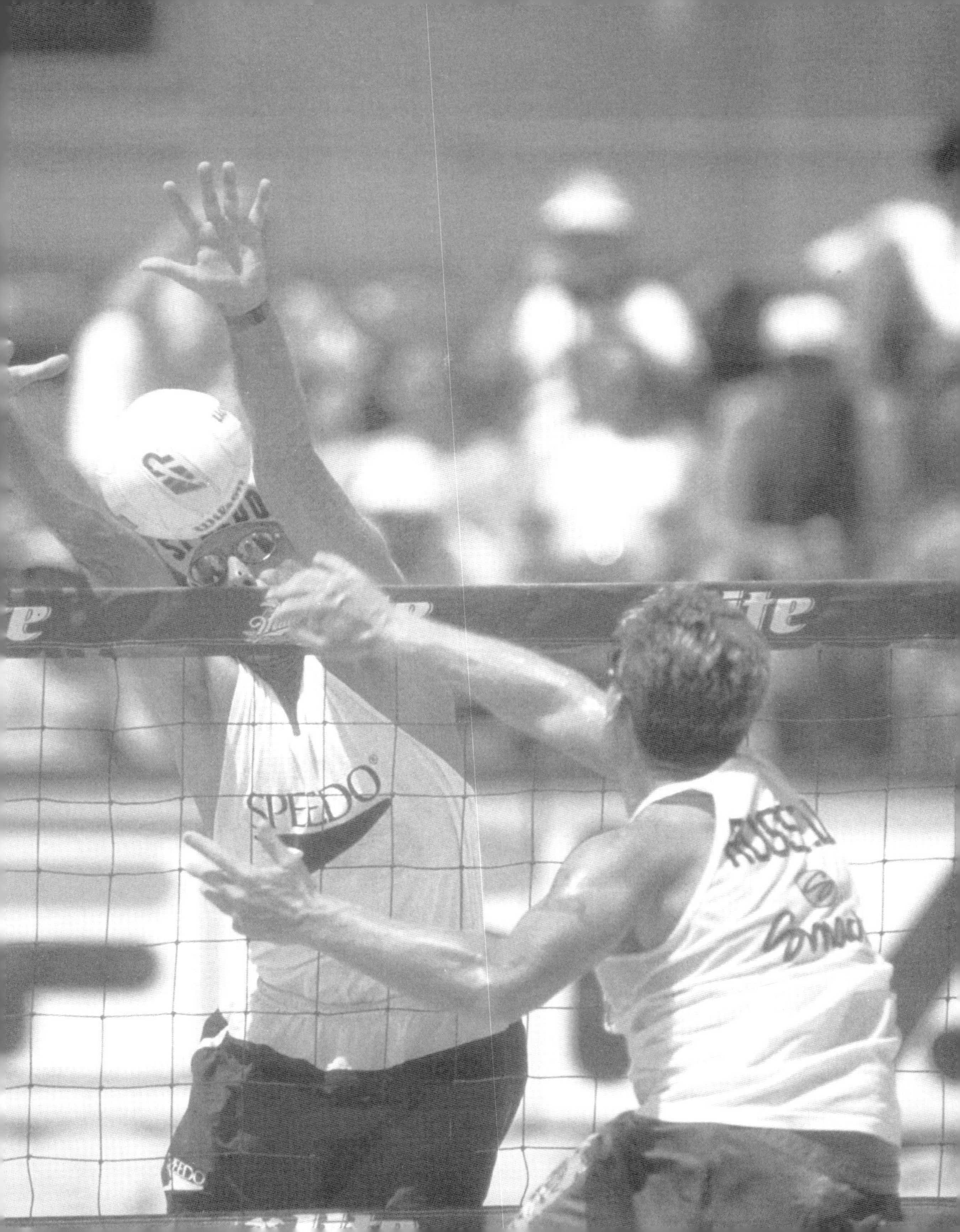
SPEEDO

66 BEACH VOLLEYBALL

[1986年のブロッキングに関するルール改正]

1986年の改正までの50年以上の間、ビーチバレーボールでは、ブロックを行うためにネットを越えて両手を出すことは禁止されていた。それによって、比較的背の高くない選手は不利にはならず、ディフェンスのあまりないゲームで、試合時間も長時間にわたることが多く、日に焼けたプレーヤーが多かった。

1979年、オーバーネット（ネットを越えて手を出すこと）は規則違反でしたが、アンディ・フィッシュバーン選手はディフェンスの武器としてブロックを初めて使ったプレーヤーの一人でした。オーバーネットができなくても、この技術を十分に扱えるプレーヤーは多くはなかった。それは多分メンタル的なものであったろうと思われます。ビーチバレーボールのプレーヤーで屋内でのバレーボールの経験がある者は多くなかったから、本来のブロックを経験したことがないプレーヤーが少なくなかったのです。大きな2本の手にブロックされると、それこそ肝を潰すような感じがしたのでしょう。ブロックのルール改正が1986年にありましたが、そのインパクトは劇的なものでした。この改正により、背が低く、トリック・ショットに頼っていたプレーヤーは、いきなりハンデを負う身となり、大柄の男たちはビールで乾杯して喜んだものでした。

最初にブロッカーとして秀でたプレーヤーはランディ・ストクロス選手でした。シンジン・スミス選手と組んで、ブロッカーの出方がディフェンダーのプレー・エリアを決めるという今日のディフェンスを完全な形に創り上げたのです。片手ブロック、蠅を叩き落すような「キング・コング・ブロック」を編み出したのもストクロス選手でした。現在のAVPツアーでは、とくに砂を整備して固くしてあるコートでは、高いジャンプが利くので、ブロックのないアタックはまれです。

また、最近になってブラジルの女子プレーヤーでブロッカーとレシーバーで役割を決めたコンビが、これまでの定着していたスタイルであったポジションを共有し合う女子バレーのディフェンスより効果的であることを実証してみせました。その後、アメリカの女子トップ・プレーヤーのリサ・アース選手とホリー・マックピーク選手

スミス選手とストクロス選手のペアは、素晴らしいディフェンスのペアだった。

のペアは，アース選手がブロックし，マックピーク選手が後方でボールを追うような戦術を用い，このディフェンスのスタイルを完璧な形に仕上げました。

　ボールをブロックすると何よりも自分に大変なパワーがあるように感じられるものです。相手がすごい力で打ってきたボールをそれ以上の強さで跳ね返すブロックに優る感じは他に類がありません。ソフトショットが多く，スタッフ・ブロックのチャンスが少ないビーチバレーボールではなおさらそうです。スタッフ・ブロックの本当のパワーはその威嚇的な性格にあります。マイク・ウイットマーシュ選手のようなプレーヤーにブロックされたプレーヤーを眺めてみると，思い切った動きができなくなり，緩慢でどっちつかずの動きを見せるようになって，ミスを犯すようになってしまいます。いいブロックは相手にとってとてもプレッシャーとなるのです。

　初心者や背丈がなく高くジャンプできないプレーヤーにとっては，つまり，手をネットより高くできなければ，ブロックはやろうとするだけ無駄です。しかし，できないからといって，致命傷にはなりません。力強いサーブやスティ・バック（フェイクのブロック），ディギング・ディフェンス（はじめからブロックせずディグだけでのディフェンス）といったブロック・ルール改正前の50年来のやり方に徹底すればよいのです。この戦術で名をなした選手も多いし，今日でもいまだ効果があります。

1── ブロックの技術

　パートナーのサーブだとしましょう。サーブがどこに行くかみて，それを受けるヒッターとなるレシーバーの前に進みましょう。普通，パートナーは相手チームのどちらの選手に向けてサーブをするか教えてくれますが，もう一方の選手のところにサーブが行ってしまうこともあります。セットされるのをみておいてボールがどこに落ちてくるかの見当をつけ，その前に位置します。ブロックの際は，両手を大体肩の辺りに上げ，身体はネットから30～45センチほどのところに位置するようにします。近すぎるとタッチ・ネットとなり，遠すぎると手がネットをオーバーできなくなります。

　膝はわずかに曲げて，足の幅は肩の幅と同じくらいにとります。目は向かってくるボールから相手のアタッカーにシフトします。相手のアプローチのラインを見ていると，どこに打ち込んでくるかの見当がつきます。アタッカーの中にはアプローチのライン上に打ち込んでくる者，逆方向に打ち込んでくる者がいます。みなそれなりの癖がありますから，それをよく研究しておくことが大切です。内寄り，外寄り，低くめ，高めのセットの種類によってどこに打ち込んでくるかに

[キング・コング・ブロック]
ブロッカーは片手をボールに届かせ，アタックをたたき落とすようなブロックのこと。
1980年代にランディ・ストクロス選手によって完成されたブロックの技術。
ブロッカーは片手をボールに届かせ，アタックをたたき落とすようなブロックのこと。

[スタッフ・ブロック]
スタッフ・ブロック「a stuff block」のこと。
相手の選手によって激しくアタックされたボールを，その力と同じくらい強く，下方にたたきつけるようなブロックのこと。
うまくいったときの気持ちは最高。

OnePOINT

ジャンプして両手がネットの上に届かなければ，ブロックしても意味がない。

も各プレーヤーの癖があって，同じショットを繰り返してくるプレーヤーが多いのです。

　ブロックを行う際は，屈み込むようにして目一杯の高さまでジャンプします（写真参照）。たいていの場合，アタッカーがジャンプした後すぐにジャンプします。アタッカーがネットから離れていれば離れているだけブロッカーはジャンプを遅くします。ジャンプしながら相手の肩を注視すると，どの方向に打ち込んでくるかの見当がつきます。ブロックのモーションは，腕を肩から上方と前方に伸ばして両手をネットの上方から前に位置づける，連続でスムーズなものでなければなりません。ラインをブロックするのであれば，両手をアタックの前に持っていきます。アングルを付けたければ，両手をインサイドに位置づけます。長いセットであれば，もっとインサイドに持っていきます。どんなときも，ブロックの最中には目をつぶらないようにしましょう。

　ネット上方に両手が残っている時間が長ければ長いほどブロックとしてはよく，両手の間隔はボールの直径くらいにとるのがよいのです。指を堅く広げてカバーできる面積を最大にし，手首を少し下方とサイドを割らないようにコートの中央に向かって曲げておきます。

　ジャンプサーブ同様，ブロックも最近ではアグレッシブでリスクを伴うプレーになってきています。体格の大きいプレーヤーがする動きの一つに最後の瞬間に大きく横にジャンプして，両手を同じ方向に出してブロックするテクニックがあります。たとえば，ブロッカーとして，アタッカーのライン上に位置しておいて，最後の瞬間に横にジャンプして，アングル方向に手を出します。このテクニックだと，アタッカーにオープンショットがあるように見せかけておいて，横から急襲できるのです。うまくいくときもあるし，そういかないときもあります。いってみれば，だまし合い，憶測のし合いです。マイク・ウイットマーシュ選手はこのテクニックがうまく，当てずっぽうがよく当るばかりでなく，ブロックするエリアが大きく取れているのです。しかし，マイク・ウイットマーシュ選手のように上背が2メートルもあれば別ですが，そ

うでなければ，コートのいくらかをカバーするような安全で着実なブロックをして，コートの残りの部分をパートナーがカバーできるよう祈るしかありません。

　上背があるか，高くジャンプできるアタッカーが相手であれば，まっすぐ上にジャンプして，腕と両手を上方に高く伸ばします。こうすると，ネットに手がかぶさらずに，ネットから遠ざかることになって，ソフト・ブロックを行うことになります。ストレートにスタッフ・ブロックできなくても，ボールをそらせて，パートナーが拾えるようにすることができ，ラリーで勝てるチャンスが生まれるのです。ホゼ・ロイオラ選手のようなすごいアタッカーを相手にしたら，これ以外になす術はほとんどありません。

2 ── ブロックの戦術

　基本的なブロックの戦術は，相手の得意なショットを潰すことです。たとえば，ライン側に曲げるのが得意なプレーヤーが相手であれば，それをブロックしてクロスコート・アングルのショットを打たざるを得ないようにするのです。しかし，相手が上手であれば，こちらの動きにすぐに対応して，別のショットで向かってくるでしょう。そこでまた，ブロックの戦術を変えていくのです。推測の連続，裏のかきっこです。

　どこをブロックするか決めたらば，そのことをパートナーに教えてやらなければならないが，普通は手のサインを使って教えます。サーブの前，ブロッカーは大抵片手もしくは両手を後ろにして，サインを出します。指を1本がライン，2本がアングル，3本がフェイク，5本握ればブロッカーの推測。フェイクはブロックするように見せかけて最後の瞬間に後ずさりして，動きを悟られなければソフト・ショットをバンプパスで受けます。ブロッカーの推測とは，飛び上がり様に相手のバンプパススパイカーの動きを見ながら決めることで，パートナーも推量を余儀なくされることは言うまでもありません。

　プロ・ツアーでは，普通ブロッカーは相手ペア各々に対応した2通りのサインを両手で出します。ハードなジャンプ・サーブだと，レシーバーのどちらになるか決めにくいからです。ヒッターがどのようなアプローチ・ラインをしてくるか勘定に入れるために，パスの後でサインを出すプレーヤーもいます。わたしはこちらの方法のほうが気に入っています。

　最後に，チーム・プレーとして，誰がいつブロックするか決めておく必要があります。パートナーがブロックが得意であったり，レシーブが得意であれば，おのずとペアの戦術が決まります。ブロックの連続は疲労の原因となり，体力に自信がなければブロックをやり続けることは並大抵なことではありません。ジャン

OnePOINT

真下に向けてスタッフ・ブロックできなくても，ブロックすることで自分のパートナーが拾えるようにボールを逸らせることができれば，ラリーで勝つ可能性が出てくる。

プサーブの後ですぐにネット際にポジションするのも同様で，大変なことです。私はパートナーとブロックを行うのを分け合うようにしています。そうすれば，2人でジャンプサーブに集中できるし，疲労度も軽くなるからです。

3 ── ブロックの練習

　ブロックの練習は，簡単だが必要不可欠なものです。ブロックはマスターしにくい技術である上に，練習も決して楽しいものではありません。「至宝得難し」とはよく言ったもので，勝つにはブロックができなければならないのです。ここで扱う練習を一生懸命に行えば，必ずプラスになるはずです。

スパイクのシミュレーション：

　簡単で一番効果的な練習方法は，誰かにテーブルのようなものの上に立ってもらい，スパイクのシミュレーション・ショットを打ってもらう方法です。前もって決めたショット，たとえばアングル・ショットを打ってもらいます。まず，このショットだけをブロックする練習を積むようにします。次に，ライン・ショット。そして次にはいろいろなショットをミックスしてもらって，どこにスパイクしてくるか読む練習をします。上背のあるブロッカーに相対した時のために，横にジャンプして腕を横に払うようなリスク・ブロッキングも練習しておいてもよいでしょう。

　この練習の応用として，3人のプレーヤーで行うものがあります。3人目にセッターになってもらうのです。練習手順は2人用のものと同じです。

3人でのブロッキング・ゲーム：

　3人のプレーヤーで行う練習です。私はこれを頻繁に行っています。

　ブロッカーに向かって激しいアタックを10回行います。終わったら，自分がブ

ブロッキングは疲労のもと。パートナーと分け合うようにする。

ロッカー役に回ります。スタッフ・ブロックを1ポイントとして，最初に10ポイントあげた者を勝ちとします。左右両サイドでヒットとブロックをするようにしなければなりません。実際の試合では左右両サイドのヒッターをブロックすることになるからです。

ブロックする際スパイカーを見るトレーニング：

　ボールではなく，スパイカーに目を配る練習には次のようなものがあります。ブロックする自分の後ろに誰かに立ってもらいます。そして，ネット越しにスパイカーにボールをトスしてもらうのです。こうすれば，ブロッカーである自分にはヒッターしか見えません。こうすれば，スパイカーのアプローチと肩の動きを見て取る練習になるのです。

ボールなしでのイメージトレーニング：

　ブロックの練習をボールなしで行うこともできます。頭にイメージを描くことで，ブロックの技術に取り組むことができ，上手なブロッキングのフィーリングがどのようなものかについて焦点を当てることができます。ジャンプの体操とこの練習を組み合わせて行うこともできます。

迅速に足を動かすトレーニング：

　練習しておくべきテクニックのもう一つは，ジャンプ着地後のステップの数を最小限で止めるための練習です。フェイント・ブロックをしたときや悪いパスが来たときは，すぐにコート上のかなりのエリアをカバーしなければならなくなります。よいディフェンシブ・スポットにできる限り少ないステップで到達することは貴重なポイントにつながります。

●―― 勝つための原則　GOLDEN RULES

1. セットをよく見る。それからアタッカーのアプローチ，そしてアタッカーの肩を見る。
2. 両手の位置に注意する。
3. できるだけネットより前に手を出す。
4. ソフト・ブロッキングでは，ボールを逸らせてパートナーに拾わせる。
5. 相手スパイカーの癖を見極めろ。
6. パートナーとコミュニケーションをとれ。そして決めておいた戦術から逸脱するな。

CHAPTER 8

第 8 章

ディグ

　何年か前のことですが，ミネソタ州ミネアポリスでの最終戦で，ケント選手と私のチームは 12 対 11 で 20 秒を残してリードしていました。相手はライバルのウイットマーシュ選手とドッド選手のペアで，最後まで接戦でした。長いラリーが続き，ウイットマーシュ選手にネット際のセットが上がりました。十分にアプローチを行ってフル・スイングができそうなセットでした。きっと叩きつけてくるに違いない！そうなったら，ゲームは同点で，サーブが相手側に回り，彼らがマッチポイントとなりトーナメント勝利を手中にされると思いました。

　スイングの方向を読み，祈るように腕をその方向に突き出しました。ボールは「ポンッ」と上に高く跳ね上がって，ラリーが続き，私たちのポイントとなったのです。続いて簡単にポイントを取って，私たちがトーナメントの勝利を収めることになりました。

　ゲームが終ると，ウイットマーシュ選手が笑いながら砂を私めがけて投げつけてきました。私もつられて笑いました。2 人ともあのときのプレーは運がものをいったことを悟っていたからです。しかし，ディフェンスではなんとかボールに手が出せれば，まったく不利な局面でも時によっては運不運を問わず拾えることがあるのも事実なのです。これで大切な試合に勝つこともあるのです。

www.wpva.com

最近のビーチバレーボールのゲームにおけるディフェンスで，ディグは，ブロックの役割を果たしています。しかし，昔はそうではなかったのです。ブロッキング・オーバーのルール改正前，バーニー・ホルツマン選手やロン・ラング選手らのディフェンスの得意なプレーヤーが，真下にくる凄いヒットを何度も繰り返し受けて観衆を魅了の坩堝と化したものでした。実際，1950年代から1960年代初頭に掛けてディグは，指を使ってオーバーハンドでボールを受けることだったのです。私が新人だった頃，ジム・メンジス選手がネット際に来て，腰の少し上に位置した手でどんなボールがどこに来ようとも拾うのを見て，驚き，目を見張ったものでした。アンダーハンド，サイド，オーバーヘッド，肩の横，時には頭越し・・・。どこでもござれでした。

ブロックのおかげで最近ではすごいディグがあまり見られないようになってきているかもしれませんが，ビーチバレーボールでディグがうまくいったときの心地よさはいまだに独特なものです。相手のベスト・ショットをコントロールしてポンと上に跳ね上げ，観衆が固唾を飲み，電撃のようなピリッとした興奮がコートの内外に走るのです。時速140キロのスピードのスパイクをディグしたことに驚異の目を見張り，サーブに続いて逆転のポイントを期待する興奮に観衆が息を飲む瞬間です。声援は一段とクライマックスに向かって大きくなります。勝てば，ディグのプレーを観衆が思い出し，コートはさらに興奮に包まれることになります。他のスポーツにはないエキサイティングな場面です。

砂上のディフェンスの技術を具体的に説明するのは難しい。あまりに多くの要素が入り混じっているため，科学というより芸術に近いといえるでしょう。コートの約90％をカバーするテリトリーがあり，ハードやソフトなど千差万別のアタックを受けなければなりません。屋内でのバレーボールでディグの上手な選手が砂上でも上手とは限りません。屋内の木製の硬いコートでは守備範囲が狭く，ポジションを固定できます。ビーチでは，高いボールが来ることもありますので，オーバーハンドのディグを使わざるを得ないときもありますし，9メートルもダッシュしてボールに跳びつかなければならないときもあります。

1── ディグの技術

大切なのはスタートのポジションです。スタンスを肩幅より心もち広くとって，バランスを保ってどの方向にでも動けるように，どちらかの足を少し前に置きます。腕と手は離しておき，まずボールに達するように心がけておいてディグします。強く打ち込まれてきたボールには，クッションを加えるようにして，ネットのこちら側に少なくとも3メートルほどの高さに上げるようにします。ディグを

[オープン・ハンド・ディグ]
ディフェンスにおいて，セットのポジションのように両手を広げて肩より高く上げて相手のアタックに対するディグ。ネットに近い位置で使うテクニックだが，相手の凄いスパイクに対する自己防衛でもある。

OnePOINT
ディフェンスが上手な選手は，ボールがどこに来ようとも拾えるという自信を持っているものです。

第8章／ディグ 75

9メートルもダッシュしてボールに
跳びつかなければならないときもある。

するときには腕を少し引き気味にするか，ボールを受けながら後に下がるようにして，ボールの勢いを軽減させます。できる限り両手を使い，横着な片手でディグする癖をつけないようにしましょう。ボールが顔にめがけて来たときは，手のひらと指に同時にボールが当たるようにオーバーハンドのディグを行い，真上にボールを押し出すように上げます。

　遠い位置のボールを拾うのに大切なのは，心構えです。上手なプレーヤーは，どこにボールが来ようとも拾えるという信念を持っています。ボールに跳びつき両手で受けます。片手しか使えない場合は，利き腕でない方の腕ではやさしくはないけれども，ボールに近いほうの手で受けるようにします。前腕（手首と肘の間）でボールにコンタクトし，ボールを上に跳ね上げます。このテクニックのポイントは，何よりもボールを上に上げることです。難しいボールならば，正確さよりもコートの真ん中に上げ，パートナーが拾えるようにしましょう。

　パスについては，ディフェンスでは低い位置でプレーすることを強調しておきます。低く構えておけば，次のプレーに余裕を持たせることができます。パートナーがネットにパスしたボールをカバーする時，パートナーがブロックされた場合にセットをカバーする時も同じです。低く構えることで，無理なセービングが可能になることもあり，ゲーム逆転チャンスのきっかけとなることも少なくないのです。

　ディフェンスのポイントとなるものは何よりもポジショニングです。（相手がどのくらいの鋭角度でカット・ショットを打ち込めるかにもよりますが）普通のアングル・ショットをディグするには，通常3〜4.5メートルほどネットから離れたポジションをとります。この位置から，ボールがどこに来ようとも，方向・距離を問わずボールを拾えるようでなければなりません。

　よいポジショニングとは，次のボールを予期する，相手を読むことに他なりません。マイク・ドッド選手はポジショニングが上手なプレーヤーの一人です。まず，相手を研究します。これによって，相手がどんなショットを仕掛けてくるかを感じ取ります。次に，ショットがどこに来るかの鍵となる要素，すなわち，アタッカーのアプローチ・ライン，身体の向き，腕のスウィングを読みます。これを素早く計算してマイク・ドッド選手は次から次へとボールをディグしています。

　女子のプロ選手の中では，ホリー・マックピーク選手のディグのうまさが目立ちます。相手を読むことに加えて，マックピーク選手は持ち前の迅速さでハード・ショットもディンク・ショットも同じような正確さでディグしています。

第8章／ディグ 77

相手アタッカーの読みに優れたプレーヤーであるマイク・ドッド選手。

2 ── ディグの戦術

　いいディフェンスの基本は，相手の研究，自己統制，忍耐です。まず，相手の癖を知知らなければなりません。そしてパートナーと練習して，決定した内容を試合で行わなければなりません。これらはやさしいことではありません。こちらの勘が外れることもありますし，相手の勘が外れないこともありますが，「忍」の一字で作戦をつらぬきます。用意がよければ結果もよくなるのが通常なのです。

　パートナーがブロッキング・サインを出したら，自分のエリアをいかにカバーするかは自分次第なのです。たとえば，パートナーがラインをブロックするとしたら，

1. アタッカーのベスト・ショットが拾えるように，来るべきショットのアングルに位置付ける。
2. ラインに走り寄るのは最後の一瞬。相手がディンク・ショットするか深いレインボーショットをするかもしれないからだ。
3. ラインに向かい，アングルに戻る。
4. 真ん中に戻って，次のショットを待つ。
5. 1〜4のバリエーションの組み合せる。

　パートナーがアングルをブロックしたら，この戦術を逆にたどることになります。

　ディフェンスの動きが相手の掛け声で決まることもあります。セッターが「ライン，ライン」と叫んでいたら，アタッカーがセッターの叫び声通りに動くことを予期してその通りに動いてもよいでしょう。しかし，まさにこの理由で，相手に味方の動きをさらしてしまうので，アタッカーは通常，セッターの叫び声通りには動かないものです。

3 ── ディグの練習

　よいディフェンスは体力的なスキルもさることながら，コートにおけるゲームのセンスが重要です。両方を磨くための練習例を挙げてみます。

相手を読んでディグ：

　ディフェンスの基本を学ぶには，パートナーにテーブルの上に立ってもらい，ハード・ショットやいろいろなショットをミックスして打ち下ろしてもらうとよいでしょう。クロス・コートから始めて，自分のライン上にテーブルを動かします。できるだけアタッカーの動きをシミュレートしてもらうようにします。肩の

動きと腕のスウィングに注意して相手選手の動きを予知できるようになりましょう。

いろいろなショットをディグ：

　2人でできる練習には次のようなものがあります。アタッカーとして，ボールをネットから1.5メートルくらいの高さに上げ，レシーバーに向かってラインとアングルのハード・ショットを打つ。次に，ソフト・ショット。カット，ディンク，ディープライン，ディープアングル。最後にこれを全部ミックスして両サイドからアタックします。

　このバリエーションとして次のようなドリルがあります。コートの真ん中に左右に分けるラインを引きます。そして，レシーバーとなったら，自分の側のコート半分をカバーします。アタッカーはその半分にスピードを変えたりしていろいろなショットを打ち込みます。パートナーと20回ずつ交代。最後に，コート半分ではなく，全コートをカバーしてみます。各ボールに全神経を集中しなければならないため，体力的なスキルとゲーム・センスが養われます。

ブロックなしでのディフェンス：

　試合のすべての側面をカバーする練習が必要です。ブロッキングをしないで試合をシミュレートした練習ももちろん必要です。セットをいつもよりネットから離すように上げて，その他は現実の試合を再現するようにします。まさにブロックのルール改正前の試合のようですが，当時のディフェンス志向のゲームをシミュレートしてディフェンスのスキルを養うのが目的です。

GOLDEN RULES　勝つための原則

1．どの方向にも動ける態勢をとる。
2．自分サイドに最低3メートルより高く返球する。
3．できる限り両腕を使う。
4．アタッカーのアプローチと腕のスウィングに注意する。
5．どんなボールでも，無理と思われるものさえも，拾う努力をする。

80 BEACH VOLLEYBALL

PART III　第Ⅲ部

トレーニング | THE TRAINING

第9章
柔軟性

第10章
筋力

第11章
プライオメトリクス

第12章
スピードと敏捷性

第13章
持久力

CHAPTER 9
第 章

柔軟性

　自分のキャリアを通して大したケガをしないでこられたのは，自分の運と両親から授かった遺伝子がよかったのかもしれない。でも，こういうことは永久に続く訳ではありません。

　1993年，AVPのシーズン終盤に足首をひどく捻挫してしまいました。ケガはしても治りははやいほうでしたのが，このときばかりはよくなるのに非常に長い時間がかかったので，何とか手を打たねばならないと感じました。また，決していいとはいえなかった自分の身体の柔軟性についても何とかしなければいけないという気持ちもありました。

　エイドリアン・クルックという名の男性から突然電話があったのは丁度その頃でした。自分が考案した柔軟体操を紹介したいから会いたいというのです。二，三日放っておいたのですが，ある日TVのチャンネルをまわしていると，体操の番組をやっているローカル局がありました。片足で立って，もう一方の足をまっすぐ頭上に上げている男が映っていました。他にも信じられないような柔軟体操を見せていました。その男こそ，エイドリアン・クルック氏本人でした。

　すぐに彼に連絡して，柔軟体操のプログラムに参加することになりました。足首の具合はよくなり，伸びの体操を教えてもらい，これで身体の柔軟性が増すと同時にケガをしないですむようにもなりました。33歳になって，何とかしてキャリアを伸ばしたいと思っていました。この体操のおかげで選手生命伸ばすことができましたし，いまでも続けてやっています。

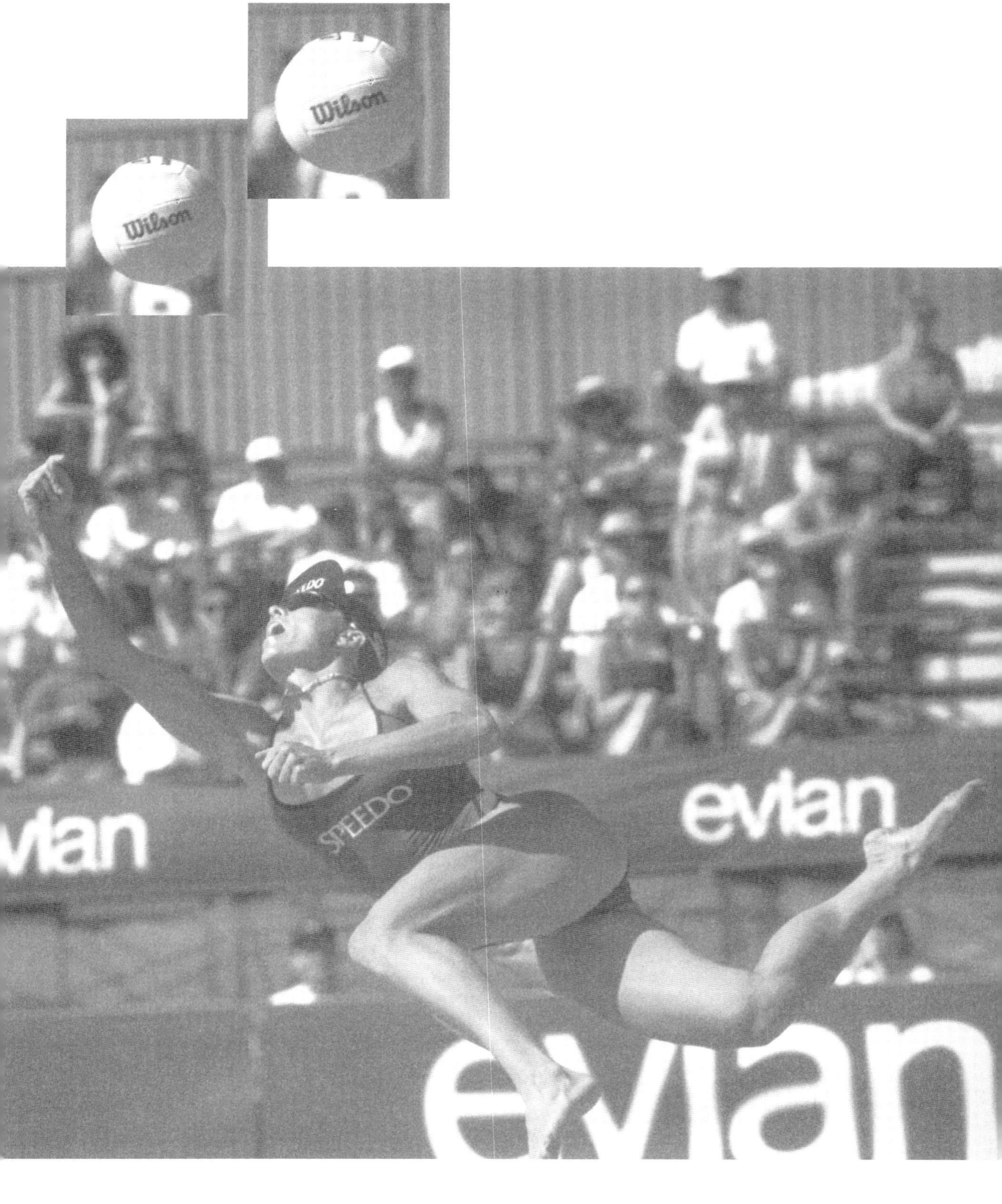
Wilson
Wilson
SPEEDO
evian
evian
evian

私自身のトレーニングにおいて長年怠ってきたというより、まったく無視してきたのが柔軟性に関するものでした。エイドリアン・クルック氏に柔軟性と動きを改善するコーチになってもらうまでは、身体の柔軟性というものがいかに大切か考えていませんでした。次のような理由から柔軟性を保つことがとても大切なことであることがわかりました。

- 「ケガに対する抵抗力がつく」
  どんな体操プログラムでもよいでしょうが、クルック氏の場合は、膝の後の腱、股の根、足首、膝などのケガを起こしやすい部位に集中して、伸びの運動を行いケガの起こる可能性を少なくすると同時にケガが起こった場合にはその程度が軽くなるようにデザインされています。
- 「パフォーマンスを最大限発揮できる」
  この体操で、柔軟性が増すのとともに、バランスもよくなり、集中力も増します。これら3つはパフォーマンスの向上にとって必要不可欠な要素です。
- 「スポーツ選手として寿命を延ばすことはもちろん健康な体で生活を送ることができる」
  クルック氏に対して私が最初に興味を持った理由は、選手生命を伸ばしたかったのと捻挫しやすかった足首のかたさを何とかしたかったからです。一般的に身体がかたくなると選手生命にも先が見えてくるのです。しかし、身体の柔軟性を保つか向上させれば、選手生命を伸ばすことができます。

クルック氏の体操が他の柔軟体操と異なっている点は、動きに基づいていることです。彼の体操を行うことで一番深いところにある皮下組織を自然にマッサージするようになっています。クルック氏の柔軟体操の詳細については（米国内無料の）800-INFLEX3に電話で問い合わせるか、INFLEXのホームページ（www.inflex.com）を閲覧するとよいでしょう。

1 ── 基本的なプログラム

バレーボール選手向けの基本的なプログラムがあります。バリエーションは10ありますが、全部行っても20分ほどしかかかりませんので、理想的には1週間に6，7回行うとよいでしょう。私の場合、シーズン中は普通、1週間に3日試合があり、もう1日は移動日になっていますので、やらなければならない体操が他にもあるし柔軟体操は運がよくても1週間に3，4回しかできません。自分のスケジュールが許す限り実行すべきでしょう。

[柔軟性]
各関節に関連した動きの幅で、選手生命を伸ばしたかったり、健康体を維持したかったら、筋肉と腱の柔軟性の運動をしなければならない。私は20歳代の時には膝を曲げずに足の指に触ることができなかった。20歳代の時には大した問題ではなかったが、30歳代になったらそうは言っていられらくなった。柔軟性が選手生命の命取りになるからだ。

ウエストの回施運動 :

　背と膝を伸ばし，両足を付け，足裏を地面にフラットにして立ちます。手のひらを腎臓の辺りにおきます。頭を上げ，肩はリラックスさせ，フラフープを行うときのように，ウエストを回します（写真参照）。背中の下の方がマッサージされているように感じるはずです。ゆっくりと始め，左右に60回ずつ回します。

ヒップの回施運動 :

　背を伸ばし，膝を曲げ，足裏を地面にフラットにして立ちます。両足の幅は肩幅よりやや広く取り，両方の手のひらを腰に当て，頭を上げ，肩はリラックスさせます。フラフープを行うように腰を大きな円を描いて回します。左右に60回ずつ回します。慣れてきたら、腰を前方に曲げ，最前方にアクセントをつけるように回しましょう。正しく伸ばしながら回施すれば，伸びる動きを腿の付け根と背中に感じるでしょう。

スクワット :

　椅子のようなつかまれるものから60～90センチ離れて立ちます。腰を曲げ，椅子をつかみます。足裏を地面にしっかりと付けたまま，膝を曲げ，背中をまっすぐに伸ばしたまま，大腿部（腿）が地面に平行になるようにしゃがみ込みます。腕をまっすぐにしたまま，ゆっくりと10秒間肘を伸ばし，しゃがんだポジションを保ちます。そして，起き上がって腕と背筋を伸ばし，最初のポジションに戻ります。

　この一連の動作を10回繰り返します。慣れてきたら，なにもつかまらずに行ってみましょう。

腹筋を伸ばす運動 :

　足裏をフラットにして膝をやや曲げて立ちます。両腕を頭上に伸ばして，両手の指を交互に組んで手のひらを上にします。頭をできるだけ伸ばして，ゆっくりと後ろに反り返り，腹筋を使って元のポジションに戻ります。決して止まらずに，連続した動作で行います。

　次に肘を曲げて手のひらを下にして下方に押し，再び両腕が頭上にくるまでゆっくりとできるだけ伸ばしたまま上方に動かします。6回これを繰り返します。

ミドル・ツイスト :

　足をつけたまま足裏を地面にフラットにして直立します。両手の指を交互に組んで手のひらを外側に向けます。ウエストとヒップをツイストして，肩と頭も180度回します。片方の腕がもう一方を引っ張るようにして，引っ張る側の肘は曲げ，もう一方はまっすぐにしておきます。手は肩の高さで，足はつけたままにしてフラットに立ち，足首で上体を動かすようにします。回転は片側180度ずつで，合わせて360度。身体はまっすぐにして，これを50回繰り返します。足は滑らない平面に置くか，30センチほど砂にめり込ませて身体が動かないようにします。

ハイ・ツイスト：

ミドル・ツイストに似ていますが，両手の指を組み合わせたまま腕を頭上に上げます。足裏はフラットにして直立します。手はできるだけ高く上げ，腕が両耳に当るくらいにします。回転はミドル・ツイストと同様に頭も回します。片側180度回します。5回繰り返します。足が滑らないようにするのも同様です。

前屈 ：

膝の裏側の腱を伸ばす体操で，徐々にこれで身体を二つ折りにできるようになります。足裏をフラットにして地面につけたまま，膝をまっすぐに伸ばします。両手の指を交互に組み合わせ，手のひらを外側に向けます。背筋を伸ばしたまま，両方の手のひらで靴の上部からつま先までゆっくり撫でるように動かします。靴の上部に手が届かなければ，上体を少しリラックスさせながら，ゆっくりと届くところまで伸ばします。つま先に触れるのが目的ではなく，身体のマッサージが目的ですので，急激な動きでつま先に触れるようなことはせず，ゆっくりと反復することが大切です。上体と肩が伸びきっている感じをつまみましょう。

身体のかたさが取れましたら，つま先のさらに先の地面に届くようにしてみましょう。もし，すでに身体が十分に柔らかければ，地面を左右に掃くような動きをしてみましょう。50回繰り返します。

肘をつかんでの前屈 ：

左肘を右手でつかみ，背中をまっすぐに伸ばしたまま上体を前に折り，左腕で左の脛に触れるように下方に伸ばします。もっとも伸ばしたときに肘を前方に（足先より前には出さない）動かし，小さな円を描くように動かし，また元に戻します。右肘も同じ要領で行い，50回繰り返します。

バック・スラップ（弓矢）：

　矢をつがえるように立ちます。前に出した膝を少し曲げ，後ろ足はまっすぐ伸ばします（写真・左）。頭を動かさずに，腕を肩より下にして前に出します。そして，腕をリラックスさせて，ヒップ，ウエスト，肩をできるだけひねります。さらに腕を回し，手のひらが肩甲骨のあたりに当たるように，もう一方の手のひらの腎臓のあたりに当たるように大きく身体をひねります（写真・右）。ヒップ，ウエスト，肩の動きが腕の動きにつながるようにひねります。反対側も同様にして，15回ずつ繰り返します。

腕の回転：

　弓矢と同様のスタンスをとり，右足を前にして，頭を動かさないようにして立ちます。右手を右膝のやや上に置きます。左腕をまっすぐにして，ゆっくりと前，上，後ろに回転させます（P.89の写真）。初めはゆっくりと，徐々に速く，各方向に30回回します。左側も同様に30回回します。

　もし，肩に故障がある場合は，ゆっくりと行いましょう。

第9章／柔軟性 89

[スタンス]
エイドリアン・クルック氏が考案したエクササイズで、パワーと柔軟性をつけ、姿勢とバランスを向上するものである。

2 ── スタンス

　次のエクササイズは、スタンスに関連したものです。足首を強くし、柔軟にするばかりでなく、足にパワーをつけ、身体のバランスと姿勢がよくなるでしょう。4種類ありますが、最初の「馬」と呼ぶものが基本スタンスで、バレーボールのスタンスは、『この「馬」に始まり「馬」に終わる』といってもよいでしょう。

馬のスタンス：

　足を並行にしてフラットに、肩幅と同じ幅にとって立ちます。背中をまっすぐにし、腕はパスのポジションで両腕を前に差し出します。腰を落とし、膝を曲げ、この位置を保ちます。身体が柔らかくなるにつれて、徐々に腿が地面に平行になるまで下げられるようになります。腿が地面に平行になるポジションがベストで、この姿勢になれるようになるのが最終目標です。初めは壁に背中をつけて行い、壁が必要なくなるまで繰り返しましょう。

弓矢のスタンス：

　馬のスタンスから始め，足幅を肩幅の2倍にとって，片方の足を45度ずらします。後ろの膝はまっすぐに，前の膝は腿が地面に並行に近くなるくらいまで曲げます。上体は地面に垂角になるようにしてまっすぐに伸ばします。ウエストを前の足の方に回転させ，肩が前に出るようにします。そして，サイドにボールをパスするように手を伸ばします。元の馬のスタンスに戻って一呼吸おいてから，反対側を行いましょう。

ドラゴンのスタンス：

　このスタンスは，ネット際のブロックのポジションからさがってアタッカーから目を離さずにディフェンスのポジションに移るプロセスをシミュレートしたものです。馬のスタンスから始めて，頭を左に回します。背筋を伸ばして，腰を落とし，左足を右足の前に出します。手はニュートラルのポジションです。そして，すぐに右足をステップして馬のポジションに移ります。反対側も同じ動作で行いましょう。

OnePOINT

スタンスのエクササイズによって，動きを効率よくするための力がつきます。つまり，姿勢を低く，またよい姿勢を保ちながら，動くことができるようになるのです。

燕のスタンス：

　このスタンスは、動きを力強いものとし、両方のサイドの低いボールを拾う範囲を広げるに役立ちます。馬のポジションから背筋を伸ばし、腰を落とした姿勢で右足を外に向かってステップします。そのポジションを保って、低い位置のボールを拾うようにして両手を前に出します。この低い姿勢のまま右足を引いて、馬のスタンスに戻ります。左足も同様に行いましょう。

　以上のスタンスを、「馬→弓矢の片側→弓矢の反対側→馬→ドラゴンの片側→馬→・・・」といった順序で行います。最初は各々のポジションを数秒、慣れたら徐々に延ばし30秒間保ちます。柔軟体操の後でこのスタンスのエクササイズを毎週少なくとも3回行いましょう。

　スタンスのエクササイズによって、動きを効率よくするための力がつきます。つまり、姿勢を低く、またよい姿勢を保ちながら、動くことができるようになるのです。膝を突っ張ったまま、背中を曲げた姿勢で動くプレーヤーがあまりに多いのは残念でなりません。

3 ── 柔軟性を増すための上級者向けのトレーニング

　柔軟性を増すためのトレーニングはこれまで紹介したものばかりではありません。柔軟性と筋力がついてきたら，最適な動き，最適な動作のメカニクスに関する配慮がなければならないでしょう。ライン・ショットを拾う最適なフットワークとはどんなものか。小さいステップか，大きいステップか。この場合の最適なステップとは，バランスがとれた力強い大きなステップであるべきだとエイドリアン氏と私は考えています。また，深いコーナー・ショットを拾うのにはどんなステップが最適か。肩を痛めることなく，最大のパワーを持たせながら正確なジャンプ・サーブのためのベストなメカニクスとは何か。エイドリアン氏と私が最近もっとも頭をひねっている課題です。

　人間のどんな動作にも身体が柔らかいことが要求されます。年齢を重ねればなおさらのことです。初心者からプロまで，バレーボールのプレーヤーはこのことに留意しなければならないのです。トップ・クラスのプレーヤーになる志を抱いて，もっと詳しく知りたければ前掲のクルック氏の電話番号かウェブ・サイトに連絡してみるのもよいでしょう。

柔軟性がよければ，タフなプレーも可能になる。

CHAPTER 10 第10章

筋力

　アトランタ・オリンピックに向けてトレーニングしていた頃,「あのときはもっと力を出し切っておいたらよかった」と後になってから後悔しないように心掛けていました。
　オリンピックに向けてのトレーニングは,柔軟体操を30分,スタンス(第9章を参照)を最大6分行っていました。それから,最大限の力でのブロック・ジャンプ(真上にも横にも)を25回,合計で350回のジャンプを30分で行い,その後に,ドリルと練習試合を2時間半から3時間にわたって行っていました。
　昼食と休憩後には,次のような筋力アップを目的としたトレーニングを行っていました。

- ボートを漕ぐエクササイズを(全力ではなく)95%の力を出して5分行う。
- ダンベルを使って,前後に動くエクササイズを10回1セットとし,3セット行う。
- 15キロまでのダンベルを持って,110センチまでの高さに積み上げた箱に5回ジャンプする。これを1セットとし,8セット行う。
- 60〜105kgのウエイトでのクリーン(床からバーベルを引き上げて,肩の高さに支持する動作)を3〜5回行う。これを1セットとし,8セット行う。
- 腕立て伏せを20回行う。これを1セットとし,4セット行う。
  また,32キロまでのダンベルを使い,インクライン・ベンチ・プレスを8〜12回行う。これを1セットとし,4セット行う。
- 23kgまでのウエイトを持って,ディップを8〜12回行う。これを1セットとし,4セット行う。
- ダンベル・カール各種を8セット行う。
- 腹筋のエクササイズ各種を10分行う。

　ここまで一通り終えたら,また休憩し,その後,いろいろなタイプのジャンプ・サーブ(正確さやパワーなどに重きをおいたサーブ)を160回行いました。これが終わったら,夕食を採り,眠りにつくような生活を送っていました。翌日もまたその翌日も同じような内容でした。

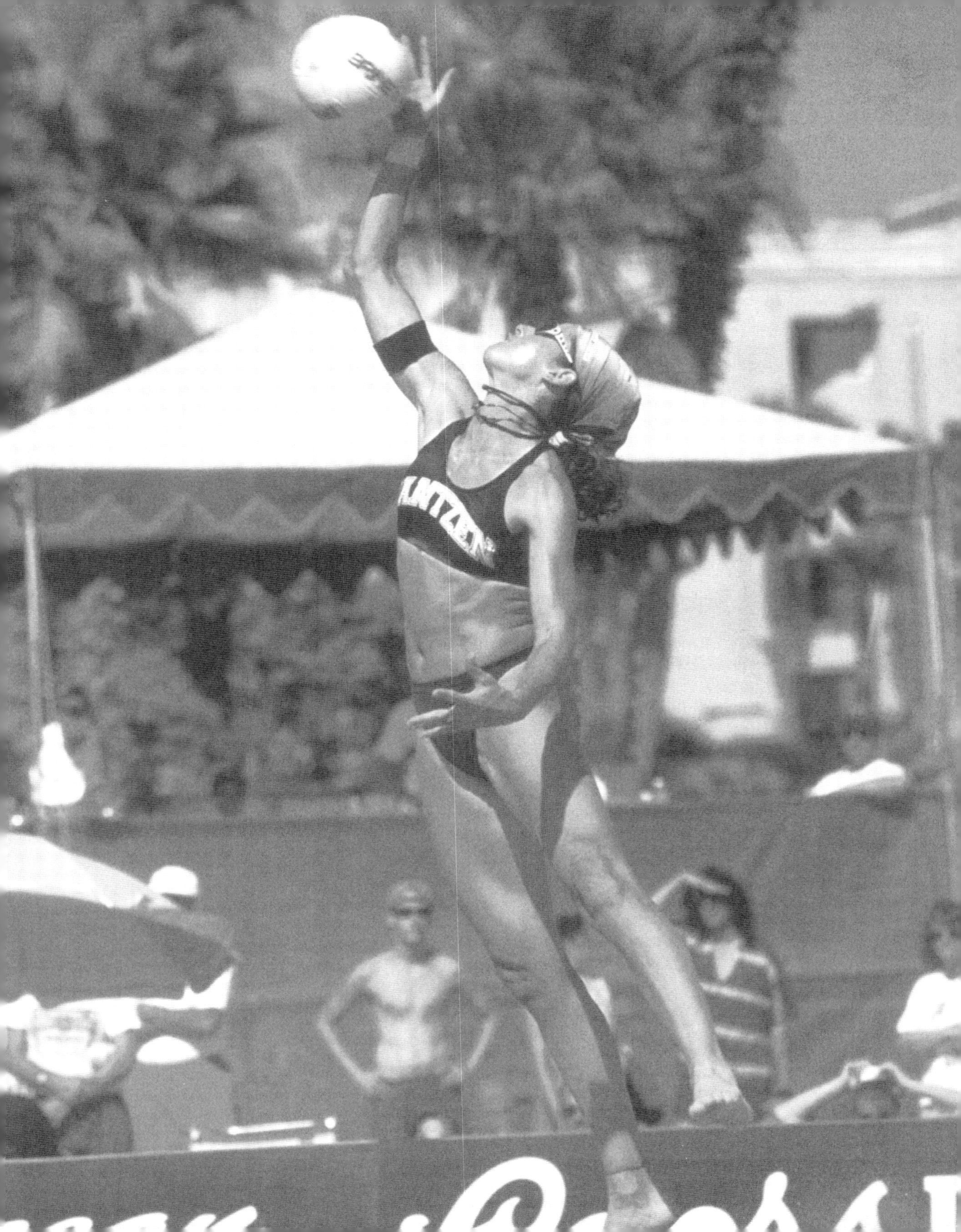

[神経-筋系]
神経と筋。脳と神経系は，筋肉の内部から力を生み出すために調和される方法に入り込む。パワーを増やすためには，神経系の効率化と筋線維を太くすることが求められる。ウエイトトレーニングは神経系をより効率に動かし，筋線維を太くするための一般的な方法の１つである。

[フリーウエイト]
主にバーベルやダンベルを使用するトレーニング。フリーウエイトで使用する機器は，現代的なウエイトマシーンでのトレーニングのように位置を固定されてはいない，つまり自由に動いてしまう。そのため，より一層ボディーバランスや安全への注意が必要となる。

筋力とは，動きにおいて力を加えるか向かってくる力に対応する力のことで，いかなる運動や動きにも必要なものです。バレーボールでは，地面を蹴るときやボールにコンタクトするときに使います。筋力トレーニングは，この力強さを増強する目的で考案されたトレーニングです。神経-筋系に負荷をかける運動の種類と運動の量を系統立てて選択することによって，力強さを増すことができます。実際には，バーベルとかダンベルといったフリーウェイト，ウエイト・マシーン，そして自分の体重だけを使い，筋肉に負荷を与えて行います。筋力がつくにつれて，この負荷を増やし，次のレベルに引き上げていきます。ここで大切な要素となるのは，「動機」と「続けていく意欲」です。これらについて確固たるものを持っていれば，その成果はビーチバレーボールのパフォーマンスとなって現れてきます。

1── バレーボールの筋力アップのトレーニング

　筋力を強めることは，次のような理由から，バレーボールにとって必要不可欠です。第一に，パワーの根源を創り上げているからです。つまり，アプローチ・ジャンプ，ブロック，スパイク，ジャンプ・サーブなどの急激にパワーを加える能力の基になるからです。第二に，筋肉や，腱・靭帯などの関節の屈折に関係あるものを鍛え，ケガを未然に防ぐ役目を果たすからです。このトレーニングを怠ると，関節に必要以上の負担がかかることになります。ビーチバレーボールではジャンプ，ダイブ，そして頭上でのヒッティングなどの動作を繰り返すため，手足どちらにも大きなダメージを与えます。十分な筋力のベースがないと，必要以上に大きな負担を関節にかけることになるでしょう。

　ここに掲げる筋力トレーニングは，カリフォルニア大学サンディエゴ校のバレーボール・フィットネス・コーチであるトニー・ハグナー氏の考案によるものです。バレーボールのシーズンが近づくにしたがって，トレーニング計画はパワー・スピード・持久力をより一層，バレーボールの特定な動きに応用できるようにする内容でなければなりません。これ以前に，基礎的な体力作りができていなければならないのはいうまでもありません。基礎的な体力作りには，バレーボールに必要な動きに関係なく，基礎的な主要筋肉のすべてを強化するものです。この段階では筋力をアップさせ，体調を整え，ケガを未然に防ぐようにするのです。プロの選手でも，オフシーズンのトレーニングの一部をこの基本的な筋力アップのトレーニングに費やしている人もいるのです。基礎基本がいかに大切か心得ているのです。

第 10 章／筋力　97

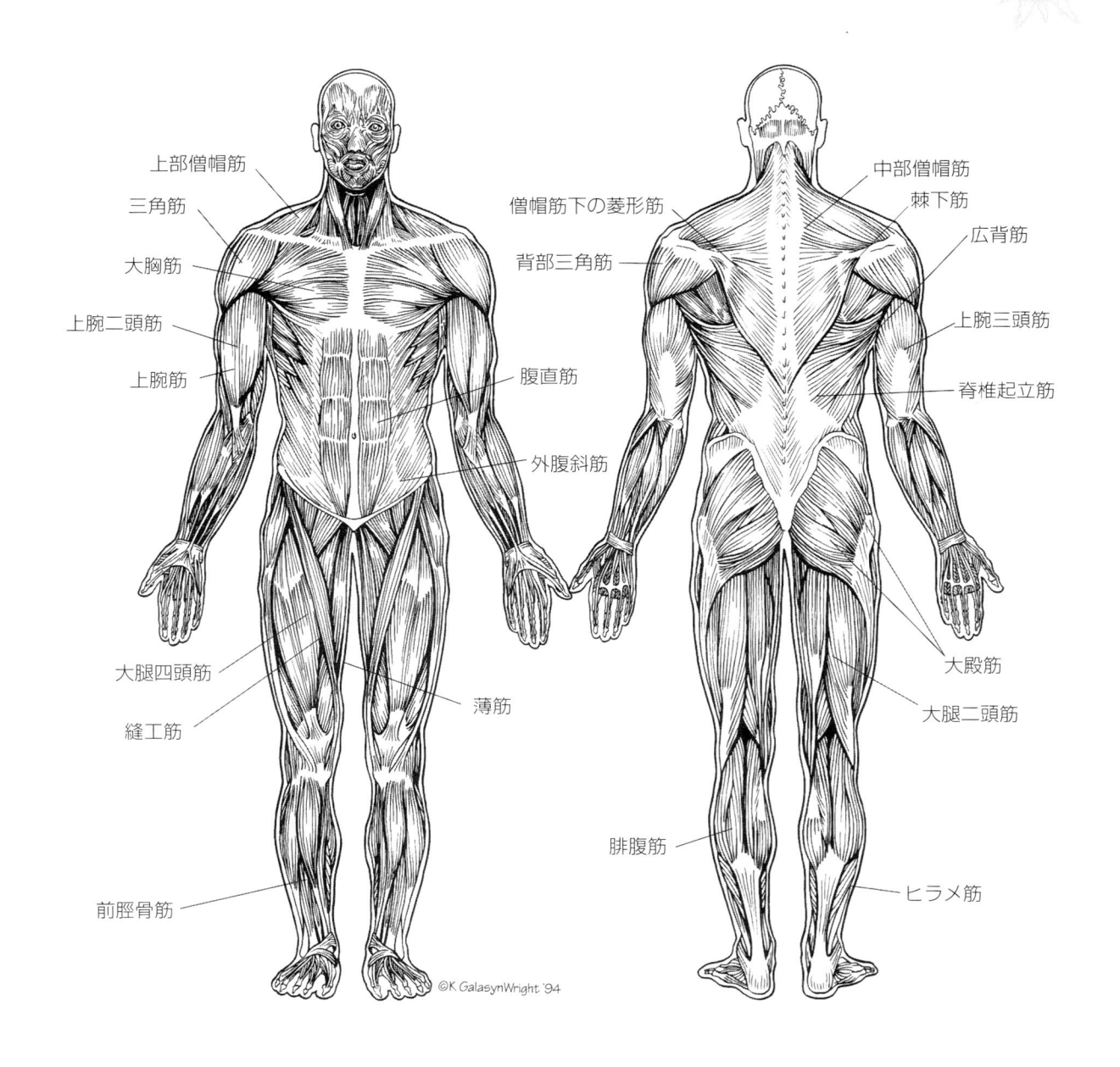

- 下半身の筋肉：大腿四頭筋，大腿二頭筋，大殿筋，ふくらはぎ，薄筋（腿の内側）
- 上半身の筋肉：大胸筋，広背筋，僧帽筋，下部僧帽筋，三角筋，上腕三頭筋，上腕二頭筋
- 体幹の筋肉：腹直筋，脊柱起立筋，外腹斜筋，大腿屈折筋

[スポッター]
バーベルに押しつぶされてしまうようなことが起きないように注意していてくれるウエイトリフティングをするときのパートナー。ウエイトトレーニングは危険なものになりうるからこそ，注意していてくれるパートナーの存在はとても重要である。

　次のエクササイズは，p.97に示した身体の部位を各々強化するものです。バレーボールのための準備体操の一部として使用できるようにp.115頁に表としてまとめました。ウエイト・トレーニングでは，腹筋と背中の下部の筋肉を同時に引き締めることによって，背中の下部をやや曲げ気味にしたポジションに保つようにしなければなりません。これは，背中の下部をニュートラルに保つということです。ウエイトを上げたり下げたりする際に，この姿勢は腰椎や筋肉にとってもっとも安全で効率の高いポジションになります。ウエイト・トレーニングの間，首もやや曲げた気味のニュートラルなポジションをとるようにしておきます。首を過度に伸ばしたり（頭を後ろに引いたり），過度に曲げたり（頭を前に引いたり）すると，首に過剰な力が加わってケガの原因となりますので行ってはいけません。

　ウエイトを増やすときには「スポッター」と呼ばれるトレーニングパートナーなしでは行いません。もちろん，ウエイトトレーニングを始める前には，フィットネスのプロの指導を受けることも大切なことです。

[スクワット　Squat]

対象となる主な筋肉：大殿筋，大腿四頭筋

スタート・ポジション：
バーベルを僧帽筋に沿わせた位置で担ぎます。このとき，バーベルのバーにタオルやパットを巻きつけおくと楽になります。爪先をやや外側にして，腰の幅より少し広めに歩幅を取ります（P.98の写真・左）。

ミドル・ポジション：
太腿部が床と並行になるまでゆっくりと身体を沈めます（P.98の写真・右）。

ミドルからフィニッシュ・ポジション：
ミドル・ポジションから，胸を張り，足の裏全体を床に押付けるようにして一気にバーを押し上げます。

呼吸のポイント：
身体を沈めながら息を吸い，押し上げながら息を吐きます。

［レッグ・プレス　Leg Press］

対象となる主な筋肉：大殿筋，大腿四頭筋

（スクワットとほぼ同じ効果が得られます）

スタート・ポジション：
レッグ・プレス・マシンに深く座り，足を腰幅よりやや広めに開き，つま先を多少外側に向けてプラットフォームに置きます。臀部はつねに後部パッドに置くようにします。

ミドル・ポジション：
ゆっくりと膝を曲げ，膝が直角になるまでウエイトを下げます。

ミドルからフィニッシュ・ポジション：
ミドル・ポジションから足を力強く押し返し，スタート・ポジションに戻します。

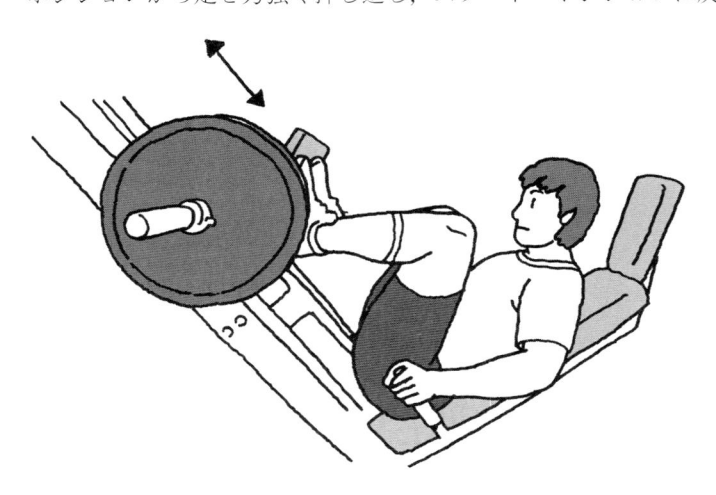

呼吸のポイント：
ウエイトを下げながら息を吸い，上にプレスしながら息を吐きます。

［レッグカール　Hamstring Curl］

対象となる主な筋肉：大腿二頭筋

スタート・ポジション：
レッグ・カール・マシンにうつぶせになり，膝がマシンのパッドの端より少し出るくらいの位置にくるようにします。

ミドル・ポジション：
大腿二頭筋を意識的に収縮させ，足首のパッドを臀部に向けて引きつけます。

ミドルからフィニッシュ・ポジション：
ゆっくりとスタート・ポジションに戻りながら，大腿二頭筋に負荷を加えます。

呼吸のポイント：
足首を引きつけながら息を吐き，スタート・ポジションに戻りながら息を吸います。

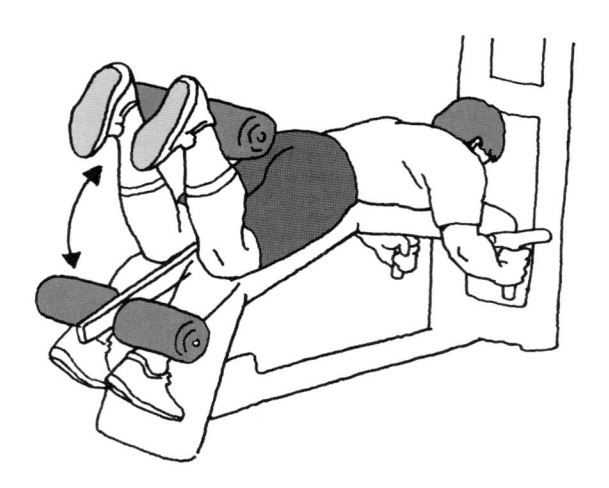

［腕立て伏せ　Push-Ups］

対象となる主な筋肉：大胸筋，三角筋の前部，上腕三頭筋

スタート・ポジション：
手はやや外側に手のひらを向けて床に着きます。そして胸が床に着くか着かないかくらいの位置まで身体を沈めます。

ミドル・ポジション：
力強く床を押し，腕をまっすぐに伸ばす。

ミドルからフィニッシュ・ポジション：
床に向かってゆっくりと身を沈め，胸，肩，三角筋に抵抗を加えます。

呼吸のポイント：
身を沈めながら息を吸い込み，押し上げるときに息を吐き出します。

[アッパー・バック・ロウ　Upper Back Rows (chest supported)]

対象となる主な筋肉：中部僧帽筋，菱形筋，背部三角筋

スタート・ポジション：
胸を張り，両肩を前に寄せるようにして，ウェイト・マシーンに座ります。このエクササイズの間，この姿勢を維持します（写真・左）。

ミドル・ポジション：
肘が肩甲骨と同じくらいの位置にくるまで，両手をしっかりと引きます。上腕部と胴は45度の角度くらいにします（写真・右）。

ミドルからフィニッシュ・ポジション：
ゆっくりとスタート・ポジションに戻ります。

呼吸のポイント：
腕を引きながら息を吐き，スタート・ポジションに戻りながら息を吸い込みます。

[バック・エクステンション　Back Extension]

対象となる主な筋肉：脊椎起立筋，大殿筋，大腿二頭筋

スタート・ポジション：
アキレス腱をローラー・パッドにかけ，かかとを足のパッドに押つけてマシーン

にうつぶせになります。膝はやや曲げます。このエクササイズでは，大殿筋，大腿二頭筋の働きで背中の伸張が行われるので，背中の下部はニュートラルなポジションを維持しておきます（写真・上）。

ミドル・ポジション：

大腿二頭筋，菱形筋および背中の下部の筋肉を収縮して，身体を上に起こします。頭を絶対に上に起こさずに，首は常にニュートラルなポジションに維持しておきます（写真・下）。

ミドルからフィニッシュ・ポジション：

ゆっくりとスタート・ポジションに戻ります。

呼吸のポイント：

身体を下に下ろしながら息を吸い込み，上に起こしながら息を吐きます。

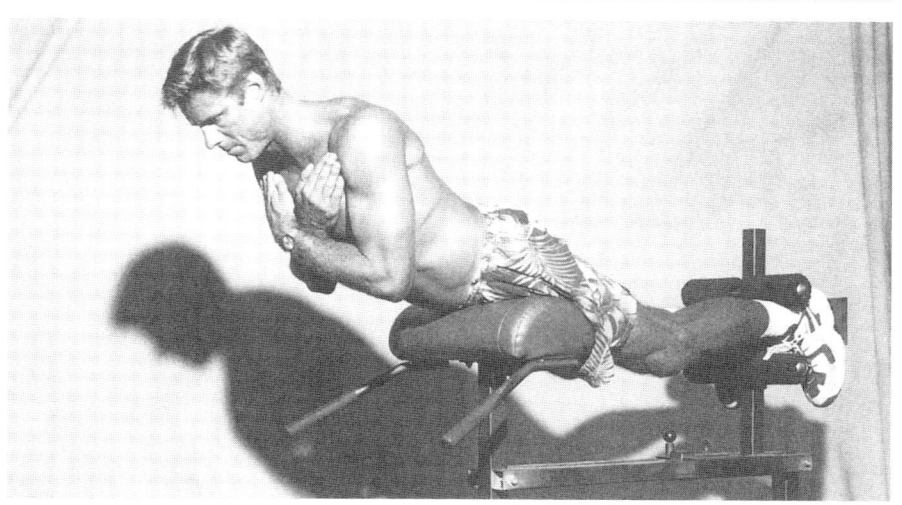

[インクライン・ダンベル・プレス　Incline Dumbbell Presses]

対象となる主な筋肉：大胸筋上部，肩，上腕三頭筋

スタート・ポジション：
45度の傾斜のあるベンチに仰向けになり，肘をまっすぐに伸ばし，両手は鎖骨と同じライン上にポジションします。肩甲骨を寄せて，胸を張った姿勢を維持します（写真・上）。

ミドル・ポジション：
ゆっくりと肘を曲げて，ダンベルを肩の辺まで下ろします（写真・下）。

ミドルからフィニッシュ・ポジション：
ダンベルを下ろしたらすぐ，肘が完全に伸びきるまで一気に押し上げます。

呼吸のポイント：
ダンベルを下ろしながら息を吸い込み，押し上げながら息を吐きます。

[フロント・ラット・プルダウン　Lat Pulldowns to the Front]

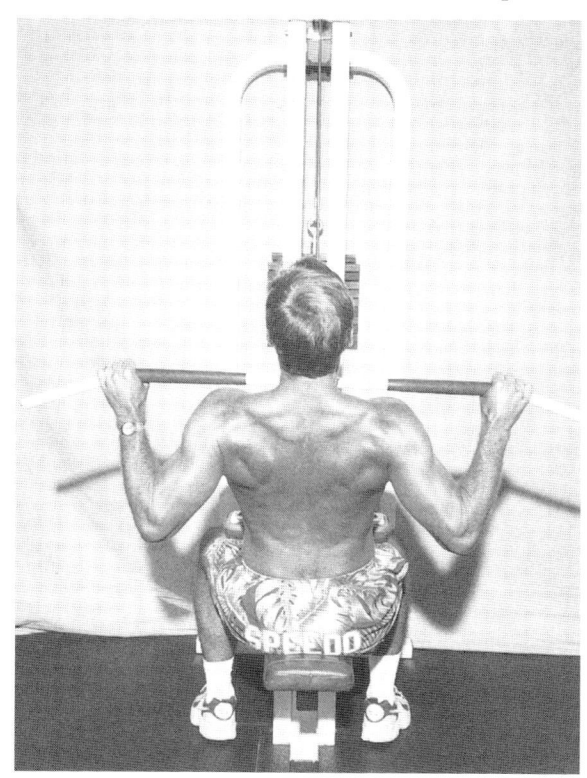

対象となる主な筋肉：広背筋

スタート・ポジション：
上体を後ろにわずか傾け，肩甲骨を寄せ気味にしてマシンに座ります（写真・左）。この姿勢を維持します。

ミドル・ポジション：
バーを両手で握って，上方から胸の上部へと引き下げます（写真・右）。

ミドルからフィニッシュ・ポジション：
広背筋を使ってゆっくりとスタート・ポジションに戻ります。

呼吸のポイント：
バーを引き下げながら息を吐き，押し上げながら息を吸い込みます。

[サイド・ラテラル・レイズ　Dumbbell Side Lateral Raises]

対象となる主な筋肉：背部三角筋

スタート・ポジション：
ベンチの端に上体をまっすぐに起こして座ります。肩甲骨を寄せ，胸を張った姿

勢を維持します。手のひらを内側にして，肘を少し曲げてダンベルを握り，体側に下ろします。

ミドル・ポジション：
ダンベルを身体から外に向かって肩の高さまで上げます。

ミドルからフィニッシュ・ポジション：
スタート・ポジションまでダンベルをゆっくりと下ろします。

呼吸のポイント：
ダンベルを下ろしながら息を吸い込み，上げながら息を吐きます。

[リア・ラテラル・レイズ　Dumbbell Rear Lateral Raises]

対象となる主な筋肉：背部三角筋，中部僧帽筋，菱形筋

スタート・ポジション：
ベンチにうつぶせになります。肘を少し曲げ，肩甲骨を寄せ，胸を張った姿勢を維持します（p.106の写真・上）。

ミドル・ポジション：
ダンベルを身体の外側に，肩甲骨の高さまで上げます（高さはコーチやパートナーに見てもらうとよい）。背中を伸ばすエクササイズと同様，首はニュートラルなポジションに維持し，頭を後方に向かって引かないようにします（写真・下）。

ミドルからフィニッシュ・ポジション：
ダンベルをスタート・ポジションまで戻します。

呼吸のポイント：
ダンベルを上げながら息を吐き，下ろしながら息を吸い込みます。

[トライセップス・プレスダウン　Triceps Pressdowns]

対象となる主な筋肉：上腕三頭筋

スタート・ポジション：

ハンドルをしっかりと握って，肘は体側につけて動かさないようにします。膝をやや曲げて，写真のような姿勢をとります。(p.107の写真)。

ミドル・ポジション：

しっかりとハンドルを握って，肘がまっすぐになるまで力強く下ろします。

ミドルからフィニッシュ・ポジション：
上腕三角筋の収縮を意識しながら，ゆっくりとスタート・ポジションに戻ります。
呼吸のポイント：
ハンドルを下ろしながら吐き，ゆっくりとスタート・ポジションに戻りながら息を吸い込みます。

[**ダンベル・カール　Dumbbell Curls**]
対象となる主な筋肉： 上腕二頭筋，上腕筋
スタート・ポジション：
腕は体側につけてダンベルをしっかりと握ります。手のひらを前方に向けます。
ミドル・ポジション：
肘を動かさずに，手のひらが上を向くようにダンベルをゆっくり肩まで上げます。
ミドルからフィニッシュ・ポジション：
ゆっくりとスタート・ポジションに戻します。

呼吸のポイント：
ダンベルを上げながら息を吐き，下ろしながら息を吸い込みます。

［カーフ・レイズ　Calf Raises］

対象となる主な筋肉：ふくらはぎ（腓腹筋，ヒラメ筋）

スタート・ポジション：
両足の幅を肩幅にして，床の上に置かれたブロックの端につま先をかけて，踵をぶら下げます。膝は常に少し曲げておきます。

ミドル・ポジション：
つま先に力を入れ，踵を上に上げます。

ミドルからフィニッシュ・ポジション：
身体を動かさないようにして，スタート・ポジションにゆっくりと戻ります。

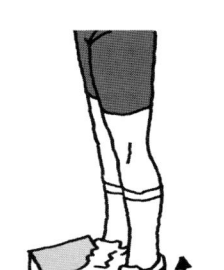

呼吸のポイント：
踵を上げながら息を吐き，下げながら息を吸い込みます。

［アブドミナル・クランチ　Abdominal Crunches］

対象となる主な筋肉：腹筋（腹直筋）

スタート・ポジション：
膝を曲げ，足裏を床にフラットにして仰向けになります。胸の前で腕を組むか，手を頭の後ろにおきます。頭の後ろに手をおく場合でも，首をニュートラルなポジションにして，頭を前方に動かさないようにします。

ミドル・ポジション：
腹筋に力をいれ，背中の下部をマットに押付け気味にして，上体をマットから起こします。

ミドルからフィニッシュ・ポジション：
肩甲骨から沈めて，続けて背中の下部をマットから起こすような感じで，ゆっく

りとスタート・ポジションに戻ります。
呼吸のポイント：
上体を起こしながら息を吐き，マットに沈めながら息を吸い込みます。

[レッグ・レイズ　Leg Raises on Mat]

対象となる主な筋肉： 腹直筋，腰部起立筋（縫工筋，腸腰筋など）

スタート・ポジション：
手を臀部の下に置き，仰向けになります。そして膝を少し曲げて，両足を床から30cmくらい上に上げます（写真・上）。腹筋を収縮して，背中の下部をマットに押付け気味にして，肩甲骨を起こします。

ミドル・ポジション：
背中をマットに押付け気味にしたまま，両足をさらに45cmくらい上に上げます（写真・下）。

ミドルからフィニッシュ・ポジション：
スタート・ポジションにゆっくりと戻ります。

呼吸のポイント：
両足を上げながら息を吐き，下ろしながら息を吸い込みます。

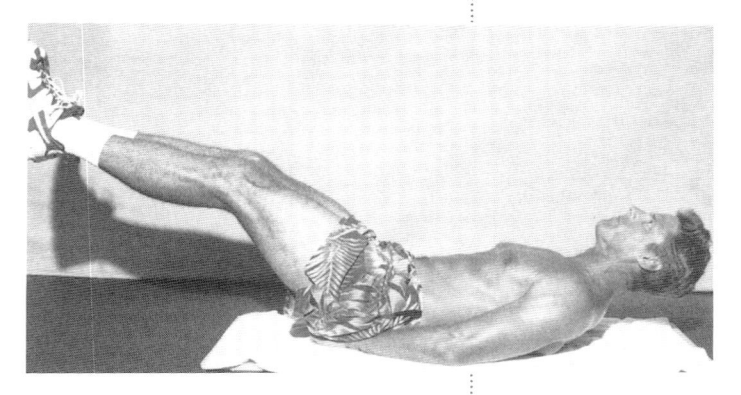

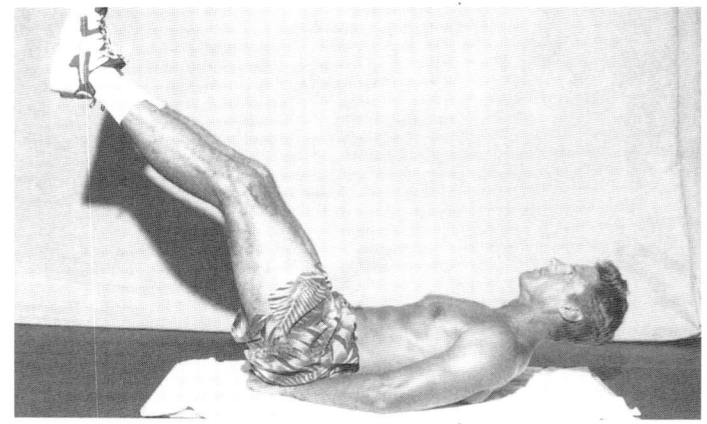

[サイド・クランチ　Side Crunches]

対象となる主な筋肉： 外腹斜筋

スタート・ポジション：
足が軽く壁に当るようにして，横たわります。下側の腕をまっすぐ横に伸ばします。脊椎はニュートラルなポジションに維持します。

ミドル・ポジション：
外腹斜筋を収縮して，下側の肩をマットから起こします。

ミドルからフィニッシュ・ポジション：
スタート・ポジションにゆっくりと戻します。

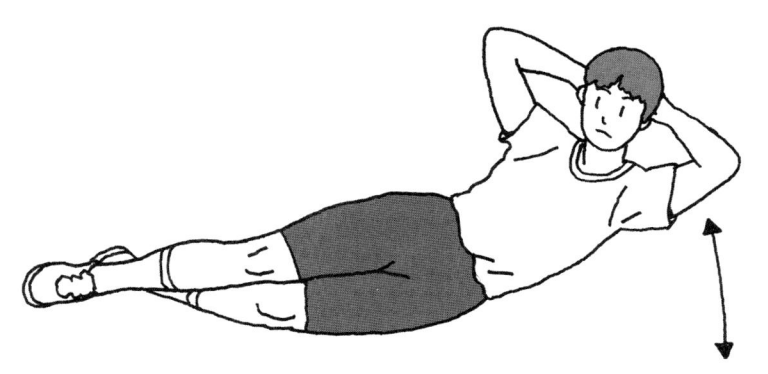

呼吸のポイント：
肩を上げながら息を吐き，下ろしながら息を吸い込みます。

[エクスターナル・カフ・ローテーション　Dumbbell External cuff Rotation]
対象となる主な筋肉：三角筋，肩の回旋筋・棘下筋・靭帯筋
スタート・ポジション：
左側を下にしてベンチに横たわります。バランスを保つために左腕をベンチから下ろし床につけておきます。上側の右手でダンベルを握って，体側から肘を直角に曲げ，前方に出します（p.111の写真・左上）。
ミドル・ポジション：
肘を曲げて，体側につけたまま，ダンベルを上にあげます（写真・右上）。
ミドルからフィニッシュ・ポジション：
スタート・ポジションにゆっくりと戻します。
呼吸のポイント：
ダンベルを上げながら息を吐き，下げながら息を吸い込みます。

※肘を曲げずに腕を伸ばして，三角筋を強化するためのバリエーションとすることもできます
スタートポジション：
左側を下にしてベンチに横たわります。バランスを保つために左腕をベンチから下ろし床につけておきます。上側の右手でダンベルを握って，腕を伸ばして前方に出します（写真・左下）。
ミドル・ポジション：
体側につけたまま，ダンベルを上にあげます（写真・右下）。
ミドルからフィニッシュ・ポジション：
スタート・ポジションにゆっくりと戻します。

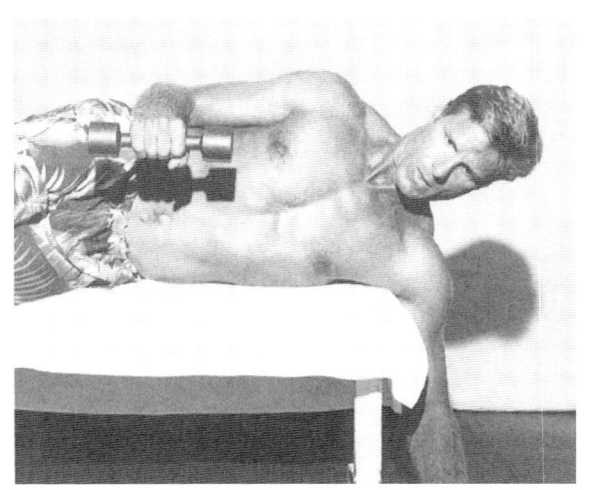

[レッグ・エクステンション　Leg Extension]
対象となる主な筋肉：大腿四頭筋
スタート・ポジション：
ローラー・パッドに足首の前側をつけ，背筋をまっすぐに伸ばし，マシンの背もたれにきちんと寄りかかるように腰掛けます。

ミドル・ポジション：
ローラー・パッドを押し上げ，大腿四頭筋を収縮させ，足をまっすぐに伸ばします。

ミドルからフィニッシュ・ポジション：
スタート・ポジションにゆっくりと戻します。

呼吸のポイント：
足をまっすぐに伸ばしてパッドを押しあげながら息を吸いこみ，足を曲げてパッドを下ろしながら息を吐きます。

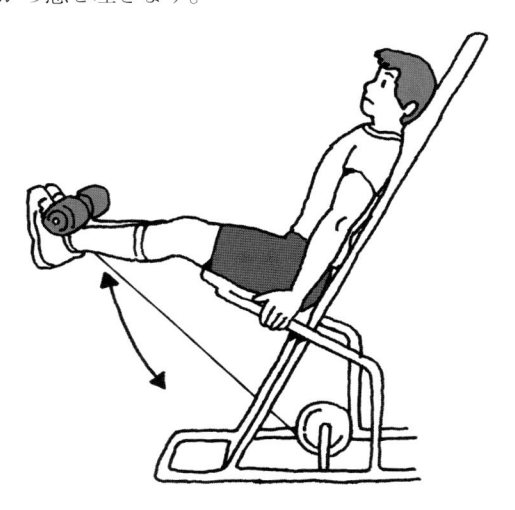

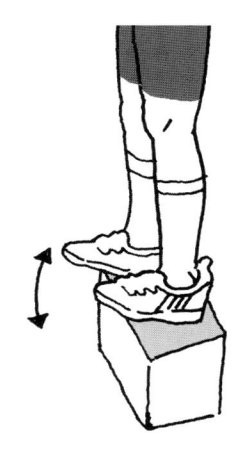

[トウ・レイズ　Ankle Dorsiflexion]

対象となる主な筋肉：前脛骨筋

スタート・ポジション：
床の上に置かれたブロックの端に踵をかけて，足先をぶら下げます。滑らないようにしっかりと引っかけておきます。

ミドル・ポジション：
足の外側を浮かせながら，つま先を上（前脛骨部）に向けて引き上げます。

ミドルからフィニッシュ・ポジション：
スタート・ポジションにゆっくりと戻します。

呼吸のポイント：
つま先を引き上げながら息を吐き，下げながら息を吸い込みます。

　アトランタ・オリンピックの1ヵ月後，右肩の回旋筋腱板を損傷しました。それは深刻なもので，医師の診察を受けました。その結果，私の肩はルーズ・ショル

ダーであり，瘢痕の組織がたくさんことが発見されました。そして外科手術が必要なことも分かりました。実際，医師はこんな状態でプレーしてきたことを驚いていました。プレーを続けるためには手術を受けなければならず，元の生活に戻るまでに9ヶ月もの間厳しいリハビリを行わなければなりませんでした。

　ケガを予防することは，治療することよりはるかに価値あることです。そして，プレーヤーは，バレーボールをプレーすることによって受けやすい肩関節への将来的なダメージを予防できるように，筋力アップに励まなければなりません。特に内側，外側への回旋といったトレーニングでは，サージカル・チューブがよく利用されています。

　ケガを予防するため，プレーで酷使された関節を固定することに筋力トレーニングは取り組むべきです。バレーボールでは，背部三角筋と回旋筋腱板のことです。バレーボールのプレーヤーは皆，フリー・ウエイトでも，マシン・トレーニングでも，チューブ・トレーニングでもそれらの部位を鍛える方法をトレーニングに組み入れるべきです。

2── 基本的な筋力トレーニング

　このトレーニングについては，15歳未満の若手のプレーヤーには勧めることはできません。若手のプレーヤーたちは筋力を鍛えることはできるし，そうすべきですが，発達発育段階でのプレーヤー各々のステージにあわせて，筋力トレーニングを行っていくべきです。若手のプレーヤーにとっての情報に興味があれば，以下の書籍はとても参考になります。

- 『Position Paper on Prepubescent Training』
  National Strength and Conditioning Association, Colorado Springs,Co
- 『Strength Training for Young Athletes』
  William Kraemer ,Ph.D, and Steven Fleck, Ph.D, Human Kinetics

　筋力トレーニングのプログラには3つ，ウォームアップ，ワークアウト，クールダウンという段階があります。

ウォームアップ：

　ウォームアップは通常，トレーニングや試合の前にその後の活動に合うように心身ともに準備することです。ウォームアップを行わないと，ケガを招くこともあります。

[乳酸]
トレーニングによって発生する筋肉痛の副産物。高強度の活動中，燃料となる炭水化物を無酸素状態で分解すると発生する。タフなトレーニング後にクールダウンやストレッチを行うことはこの乳酸の発生を抑える一番の解決方法である。

[低強度による心臓血管系の運動]
関節へのダメージが少なく，長時間心臓血管系に負荷を与えるエクササイズ。たとえば，ジョギング愛好者は，膝関節へのダメージを配慮して，ジョギングの代わりに自転車をこいだり泳いだりもしなければならない。

5〜10分ほどの低強度による心臓血管系の運動からウォームアップをはじめます。ここでは身体の深部体温を上げることと汗をかくことが目的となります。私は，抵抗を受けながらのジャンプの水平バージョンである，マシンを使ったボート漕ぎを好んで行います。

　もちろん，エアロバイクやトレッドミル，そしてステアステップス（階段上りマシン）などもよいエクササイズになります。

　続けて，5〜10分ほどストレッチを行い，大筋群の筋肉の柔軟性を高めます。本書で掲載しているINFLEXプログラムでもこの効果を得ることができます。ストレッチの部位を変えるときはできるだけ早く行います。ここで忘れてはいけないのは，目的は激しい運動に身体を準備させることであり，リラックスさせたり，クールダウンではありません。ストレッチの方法，重要性，そしてどのような効果を望んでいるのかによって感じること（身体の活性化を感じたり，うたた寝できるくらいゆったりした気持ちになるか）が変わってきます。

　何年もの間，私はストレッチを無視してきました。米国男子チームでプレーしていたときでさえ，私はつま先に触れることができないくらいでした。今では，地面に手のひらをぺったとつけることができます。柔軟性はケガを減らすだけでなく，ケガが起きたときにもその程度を軽くしてくれます。さらに，メカニクスを向上させてくれます。柔軟性が向上すれば，よりよいパフォーマンスが発揮できるようになります。そして，ストレッチを行うことは精神的にもいい効果があります。事実，ストレッチングを行っているときの方が，どんなにハードな練習を行っているときより，たくさんのエンドルフィン（体内モルヒネ）を発生させています。私は38歳だが，ストレッチング・プログラムによって選手生命が延びているように信じています。

　ウォームアップの最後に，私は実際と同じ動作を行うことで関節の可動域を広げるようなエクササイズを行います。ここではビーチバレーボールによってダメージを受けた部位から力を出させる準備を筋肉，関節，そして腱に対して行うことが目的となります。私はヒッティングやサービングの動作に刺激を与えるために，アーム・カールやレンジ，通常の1／4のスピードでの腕のスイングを行います。そしてブロッキングのときの腕を頭上に上げる動作に刺激を与えるために，胴部のツイストを行います。アプローチ・ジャンプのときの両腕を前に後ろにスイングさせる動作に刺激を与えるために，腕立て伏せやうつ伏せで行えるダイブの動作を行います。

トレーニング：

　筋力トレーニング・プログラムをはじめるときに，正しいフォームで何度も繰り返すことができるようになるまでは，ウエイトを軽くして行います。もしウエイト・トレーニングをはじめたばかりであれば，神経系の適応によって，筋力が大幅に増加したように感じるでしょう。そのため，適正なウエイトを知るために，通常の基準値を経験しなければならないでしょう。もし，最初のセットでウエイトが過度に重く感じるならば，すぐに止めて，ウエイトを見直さなければならないでしょう。重すぎるウエイトで何度も繰り返してトレーニングし，ケガするリスクを負う必要はないのです。

　私は通常，下記の表に掲げた内容を週に2回，月曜日と木曜日，月曜日と金曜日，火曜日と土曜日といった組み合わせで行っています。週に2，3日，トレーニングを行った前後の日にはウエイト・トレーニングは行ないようにしています。トレーニングを行う週ごとに，トレーニングの1つは高強度，中等度，低強度の内容で組み立てます。できるだけ疲れていない状態の胴や肩，そして膝や足首をトレーニングしたいために，基本的な筋力トレーニングを行った後，体幹を鍛えるためのトレーニングと姿勢制御を目的としたトレーニングとに分けて行います。

　長期的に考えると，実際には，このトレーニングは年間計画のほんの一部です。ストレングス＆コンディショニングのチームでは，ウエイト・リフティングの用

> **[repとset]**
> repはある運動，動作の中の1つの動作を行うこと。setは休憩を挟まずに次々にある運動，動作を繰り返して行うこと。
> 10回腕立て伏せを連続で行うということは，10repの腕立て伏せを1set行うということであり，1repの腕立て伏せを10set行うということでもある。

SAMPLE WORKOUTS

	Exercise	Set	Rep	Rest
1	スクワット，マシンでのスクワット，レッグ・プレス	3	12～15	各Setの後，2分
2	レッグ・カール	2	12～15	
	バック・ロウとのSuper set	2	12～15	各Super setの後，1分
3	インクライン・ダンベル・プレス	2	12～15	
	フロント・ラット・プルダウンとのSuper set	2	12～15	各Super setの後，1分
4	サイド・ラテラル・レイズ	2	12～15	
	リア・ラテラル・レイズとのSupe rset	2	12～15	各Super setの後，1分
5	トライセップス・プレスダウン	2	12～15	
	ダンベル・カールとのSupe rset	2	12～15	各Super setの後，1分
6	カーフ・レイズ	2	12～20	各Setの後，1分
7	バック・エクステンション	2	12～15	
	アブドミナル・クランチ，サイド・クランチ，レッグ・レイズとのSupe rset	2	25～50	各Super setの後，1分
8	レッグ・エクステンション	2	12～15	各Setの後，1分
9	インターナル／エクスターナル・ローテーション	2	12～15	
10	トウ・レイズ	2	12～15	

[super set]
2つの異なるエクササイズを休憩なしに連続して行うセット。2つ目のエクササイズを終えたら休憩をとる。

語を使って,「解剖学的適応（anatomical adaptation）」と呼んでいます。次の段階では,最大筋力でのトレーニングへと進めます。さらに,スピードと敏捷性とプライオメトリクスを統合させた,さらにレベルの高い筋力トレーニングへの移行スケジュールをコーチとともに考えます。

　正しく筋力トレーニングを行うことにより,筋肉がつき,身体が大きくなりすぎて動きにくくなったり,高くジャンプできなくなるのではないかと心配する必要はまったくありません。私が勧めているトレーニングでは,最大限による筋力トレーニングのための土台となるものを準備しています。それはスピードと加速に重点を置いたものです。持久性トレーニングとプライオメトリクス・トレーニングを組み合わせた場合には,基本的な筋力を,機能的でスポーツ特有のパワーに変えることに役立つでしょう。

クールダウン：

　私は血液や筋肉から乳酸を除去するのを助けるためにクールダウンを常に行います。心臓血管系の軽い運動を5～10分行い,ウォームアップのときのようにストレッチ体操を行います。しかし,クールダウンを行うのであれば,20～30秒間各々の部位を伸ばし,2,3回繰り返します。

　このようなトレーニング後にストレッチを行うことは,筋肉痛を未然に防いだり,その発生を最小限に抑えたりするのに役立ちます。さらに柔軟性を保つことにも役立ちます。

3── 正しいウエイトトレーニングを行うためのルール

　筋力トレーニングから本当に効果を引き出すために,長期的に考えた上での,トレーニングを行う理由を理解しなければなりません。トレーニングや練習での究極的な目標は,砂の上でのパフォーマンスを向上させることです。正しく筋力トレーニングを行うことは,パーフェクトなゲームを行う上での必要となる,より力強い身体を提供してくれます。

　年間のトレーニング計画を作成し,実行するために適任であるストレングス・コーチとともにトレーニングに取り組むことを勧めます。ストレングス・コーチはシーズン中はもちろんプレイオフにコンディションのピークが来るように計画するのにうってつけです。

　現実的で,達成可能な筋力トレーニングのゴールを設定するうえで,自分と自分のストレングス・コーチのどちらにも助けになるようトレーニング日記をつけておいた方がよいでしょう。その日記では,鍵となる2つの指標,目覚めたとき

OnePOINT
できるだけ疲れていない状態の胴や肩,そして膝や足首をトレーニングしたいために,基本的な筋力トレーニングを行った後,体幹を鍛えるためのトレーニングと姿勢制御を目的としたトレーニングとに分けて行います。

の心拍数（起きあがらずに寝たままの状態で計測）と体重を記録しておきます。心拍数の大幅な増加，体重の大幅な減少は風邪を引いたことを示しているかもしれません。トレーニングを始めたばかりでは，確かな疲労感や筋肉痛があるでしょう。そして，ほとんどの場合，多くの休息を求めていつもより早く眠たくなるでしょう。もし，慢性的な疲れや痛みを感じるならば，トレーニングをやりすぎているのかもしれません。アスリートの場合，オーバートレーニングの最初の兆候は，その人の雰囲気に現れることがあります。これは高いレベル競い合っているアスリートに共通して現象です。このような症状に合い，つんけんとした不機嫌な態度が見えだしたら，これまでのトレーニング量が多すぎたのか，時期が早すぎたのかを調べてみた方がよいでしょう。

　個人に合わせて，力の弱い部位をトレーニングするように設定しましょう。バレーボールのプレーヤーは，肩の筋力バランスが悪いというのが共通しています。バランスのよくするために，背中の下部と肩の後ろの筋肉を増加するまでの間，腕立て伏せやラット・プルダウン，ショルダー・プレス，インクライン・プレスといったエクササイズをトレーニング中に1セットだけしか行わないように制限するか，それらのエクササイズはまったく行わないようにします。

　適切な休息と適切な栄養を常にとるように心がけましょう。これらは他のことでは代用することはできません。身体の回復や補強に必要十分な休息時間とり，必要十分な栄養を取り入れたときだけ，身体を回復させたり，身体を形成させたりすることができます。私がイタリアでプレーした初めの年，私の息子は4ヶ月間ひどい腹痛を起こしていた。そのため，彼は泣きやまず，私と妻はきちんと睡眠をとることができませんでした。その結果，きちんとプレーすることができませんでした。腹痛を乗り越え，通常の睡眠をとることができるようになったとき，私のプレーはもとの状態に戻ることができました。

　スクワットやベンチ・プレス，そしてインクライン・プレスを行うときは，有能なトレーニング・パートナーといつも行うようにしましょう。また，10回以下しか行えないトレーニングでは，ウエイト・ベルトを着用しましょう。こうすることによって，背中の下部におけるケガのリスクを軽減することができるでしょう。しかし，筋力トレーニングの間中，いつもウエイト・ベルトを着用してはいけません。なぜなら，ウエイト・ベルトの存在に頼ってしまい，胴の筋力が弱くなってきてしまい，効果を得ることができなくなるからです。

　正しいフォームでエクササイズを行いましょう。もし間違ったフォームで行うと，技術的なミスを繰り返し，ケガのリスクが増えてしまうからです。

CHAPTER 11
第11章

プライオメトリクス

　私たちは，その練習を「折りたたみ椅子ドリル」と呼んでいました。金属製の折りたたみ椅子を7脚一列に並べ，選手たちは次々にそれを飛び越えるのです。上手く行っているように見えましたが，ある日疲労した選手が2人も，指を椅子の背の端にひっかけるという事故が起きました。椅子の背の隙間に足が入り込み，椅子は脚が折れ曲がってしまった。彼らが骨折しなかったのは奇跡としかいいようがありません。

　これは，私が1981年に米国のチームに入ったときに行っていたプライオメトリクス・トレーニングのひとつに過ぎません。決して楽しいものではありませんでした。4時間の練習の後，非常に辛いジャンプのドリルが待っていました。決められた時間内にゴムひもの上を何回前後に跳び越えられるかを計ったり，重りをつけたチューブを首のまわりに巻きつけてジャンプを繰り返すことなどです。

　当時，私たちはプライオメトリクス，つまりジャンプ・トレーニングについてあまりよく知りませんでした。その後，わかった重要なことは，プリオメトリクスのトレーニングは練習の始めのうちにやるべきだということでした。私たちはこのドリルを練習の後，へとへとに疲れた状態で行っていたのです。これは危険なことです。折りたたみ椅子で起こったようなケガがあまり起こらずにすんだのは本当に驚くべきことでした。しかし，正しい方法で行えば，プライオメトリクスはジャンプ力にすばらしい効果があります。私の選手生活の中で行ったトレーニングの中で，絶対欠かせないものです。

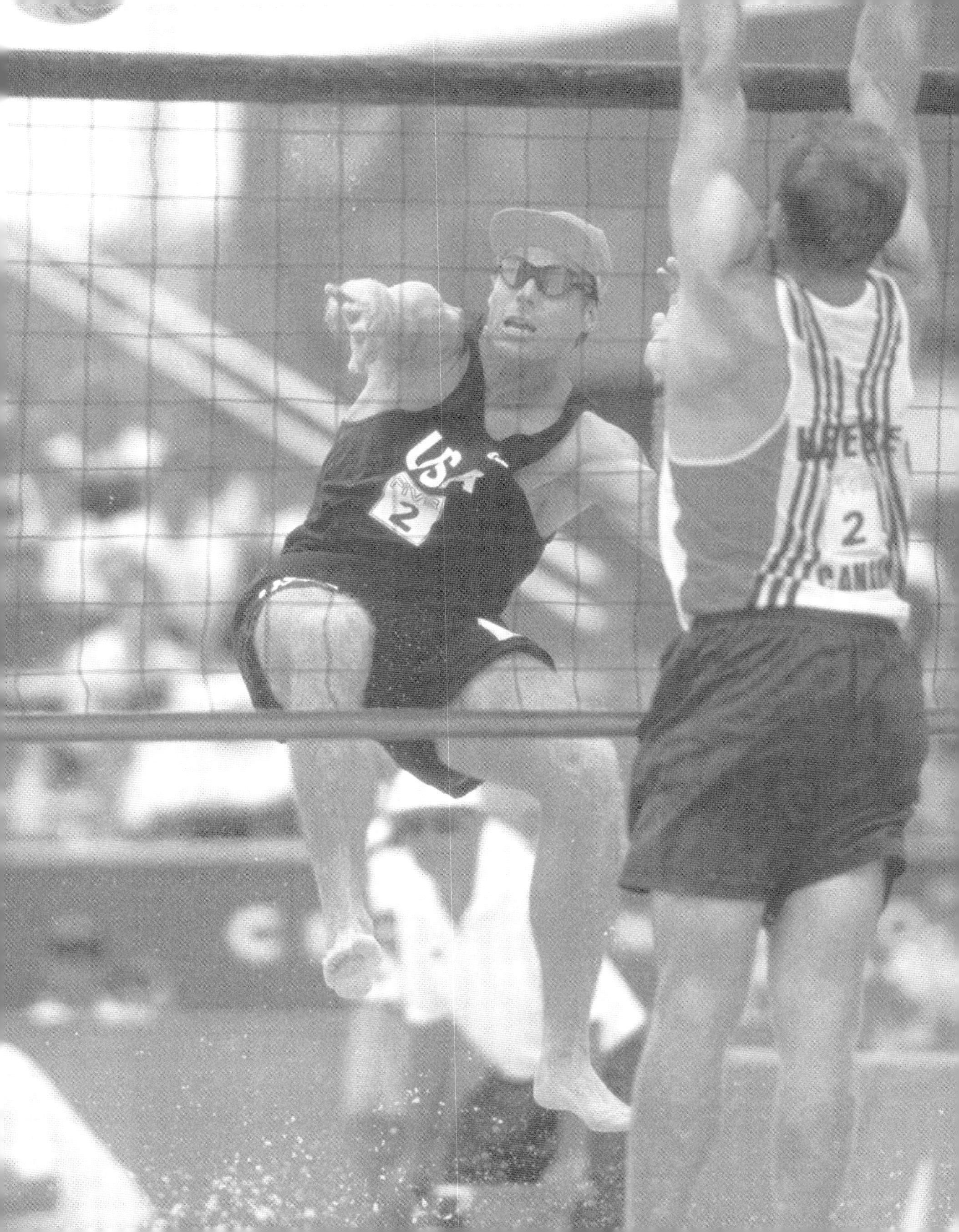
USA
2
2

[プライオメトリクス]
爆発力のトレーニング，とくにバレーボール選手のためのジャンプ力のトレーニングのことをいう。神経筋組織に動いている物体〔たとえば身体〕の速度を減速させ，次にできるだけ早く別方向に加速させることを教え込む，というのが目的である。

最近では，プライオメトリクスはジャンプしたり，ダッシュしたりする運動選手のためのトレーニングとして非常に人気があり，バレーボール選手が行っているのは当然のことになっています。もともとは，「ジャンプ・トレーニング」と呼ばれていたプライオメトリクスは徐々に発展し，上半身，下半身の多様にわたる運動も含まれるようになりました。スポーツやその他どんな目的に使われようが，プライオメトリクスの運動には共通の基本があります。それは急激かつ爆発的な方向転換ということです。それに応じて，筋力とスピードと敏捷性のトレーニングを合わせた役割を果たすことになります。各スポーツに特有の運動パターンにあった方法で正しく実行すれば，プライオメトリクスは確実に選手を強くすることができます。

次に掲げるプライオメトリクスのトレーニングは，カリフォルニア大学サンディエゴ校のトニー・ハクナー氏のプログラムから引用したものです。その他にも，プライオメトリクス・トレーニングをより詳しく研究した書籍やビデオが数々，出版されています。ここでは，プライオメトリクスの仕組みとトレーニング前に考慮すべきこと，そしてどこから始めればよいかという点に絞って説明します。プライオメトリクスによるトレーニングを詳しく知りたい人のために，下記の参考文献を挙げておきます。

- 『Plyometrics Program Design』
  B. Allerheiligen & R. Rogers 著 NSCA Journal, 17(4):26-30, 1995
- 『Plyometrics Program Design, Part 2』
  B. Allerheiligen & R. Rogers, NSCA Journal, 17(5):33-39, 1995
- 『Jumping Into Plyometrics (text and video)』, D. Chu, Human Kinetics, 1992
- 『Plyometric Exercise』, P. La Chance, NSCA Journal, 17(4):16-22, 1995
- 『NSCA Position Paper: Explosive/Plyometric Exercise』
  D. Wathen, National Strength and Conditioning Association, 1994

1── プライオメトリクスのメカニズム

プライオメトリクスがどのような働きをするかという点については，なにも不可思議なことはありません。プライオメトリクス・トレーニングを繰り返し行うとき，まず動いている物体，それは自分の身体だったりメディシンボールだったりしますが，その物体をまず最初は急速に減速させ，それから瞬時に爆発的かつ急激に，その物体を別の方向に向かって加速させなければなりません。それがなぜプライオメトリクス・トレーニングになるかといえば，次のようなメカニズムだからです。最初の減速過程において，減速させようとする筋肉にストレッチ反

OnePOINT
あなたの筋力が強ければ強いほど，そしてその強さを発揮できる速さが速ければ速いほど，プライオメトリクス・トレーニングによって得るものは大きいのです

射運動を誘発させます。このストレッチ反射運動というのは，急激に筋肉を伸ばしたり，過重が掛かったときに筋肉が裂けたりすることがないように保護する身体の反応です。これは自動的なもので，考えて行うことではなく，ほとんど瞬時に起きる反応（人間の身体の中でもっとも素早い反応のひとつ）です。

ストレッチ反射運動によって伸びている筋肉は収縮しようとします。そして，この抑制しようとする過程で，筋肉は瞬間的に伸ばされたゴムひものような伸縮性のエネルギーを蓄え，それがスナップ・バックする（跳ね返る）力の源になるのです。ストレッチ反射運動によって自動的に活性化された筋肉を，自分の意志で速く収縮させればさせるほど，蓄えられていた伸縮性エネルギーと意図的に収縮した筋肉から放出される力は大きくなります。このようにプライオメトリクス・トレーニングは私たちの筋肉が最短時間内に最大の力を発揮することができるようにするものなのです。

プライオメトリクス・トレーニングの目的は，ストレッチ反射運動に対し，できるだけ速くかつ力強い筋肉収縮でもって，瞬時に反応するよう，神経筋組織（神経組織と筋肉）に教えることです。だからこそ，筋力トレーニングとスプリントのトレーニングがいかに重要か理解できるでしょう。自分が持っている力が強ければ強いほど，そしてその強さを発揮できる速さが速ければ速いほど，プライオメトリクス・トレーニングによって得るものは大きいのです。しかし，基本的な筋力と，それをバックアップする柔軟性が十分になければ，プライオメトリクスは爆発力を伸ばすよりも，ケガを引き起こす可能性が高くなってしまいます。

垂直方向へのジャンプが上達すると，ネット際でのディフェンスとともにオフェンスの能力も大幅に向上する。

2 なぜ，プライオメトリクスが必要なのか？

　ビーチバレーボールは他の多くのスポーツと同様，プライオメトリクスそのものといったタイプの運動です。すべての運動で，急激な減速と，次いで身体全体の動き（スプリント・アプローチおよびスパイク・ジャンプなど），あるいは身体の一部の動き（ジャンプサーブやスパイクをするために腕を引く）の方向を爆発的に変えることが要求されます。

　ストレッチ反射運動を使う練習をすることによって，ジャンプ，カット，ツイスト，スパイク，ブロック，ダイブ，ディグを行う速度を速めることができます。各スポーツ特有のプライオメトリクスを正確に実行すれば，より早く，そしてより力強くゲームのスキルを発揮することができるようになるでしょう。物理的な表現を借りれば，より短時間により大きな力をもってより多くの仕事をこなしていることになるのです。また，プライオメトリクス・トレーニングに慣れ，より多くこなせるようになれば，「力の持久性」（power endurance）が増し，疲労しないで，何度でもジャンプができるようになります。ビーチバレーボールでの試合に勝つためには，この力の持久性が必要なのです。

3 トレーニングを始める前に

　プライオメトリクス・トレーニングのプログラムを始める前に，次のような点を考慮してください。

- 初級および中級のプライオメトリクスを始める前に，最低4週間の筋力トレーニングが必要である。また，ショック・レベルのトレーニングを行う前には，1年間のトレーニングを行っておくことが望ましいこと。
- 初級および中級のプライオメトリクスを始める前に，最低4週間のスプリント・トレーニングが必要である。
- 正しいボディ・コントロールとスキルを確実に得るために，プライオメトリクスを始める前に4週間の機敏さを養うトレーニングを終わらせる。
- ショック・レベルのプライオメトリクスを行う前に，体重の1.5倍のスクワットができるようになっている。体重が70kgだとしたら，深いジャンプやバウンディングをやる前には105kgのスクワットができるようになっていなければならない。初心者は，たとえ以上の条件をクリアできても，最初の1年間はショック・レベル・プライオメトリクスを行ってはいけない。
- どこかにケガをしていたら，プライオメトリクスのトレーニングを絶対に行ってはいけない。

[ショック・レベル・プライオメトリクス]
深いジャンプやバウンディングのような高度なトレーニング・テクニック。深いジャンプにはある程度の高さから柔らかい表面に飛び降り，着地した後にただちに垂直にジャンプする，という運動も含まれる。

- ビーチバレーボールは砂上でプレーするものだが，プライオメトリクスのトレーニングを始めるときは，ちゃんとしたフローリングのある屋内か屋外なら芝生の上で行う。屋内の床面としてはスプリングの入った体操用フローリングかレスリングのマットが理想的である。コンクリートの床，アスファルト，あるいはコンクリートに絨毯を敷いた床の上ではプライオメトリクス・トレーニングは決して行ってはならない。かなり経験を積み，屋内でのトレーニングに慣れたならば，砂上で行ってもよい。地面に何かの破片が落ちていないか十分に調べ，スタート地点，着地点は十分にスペースをとり，平らにする。
- 常に有資格者の監督下でプライオメトリクス・トレーニングは実施する。これには，技術的指導のほかに，運動の量と密度，準備ができているか否かの判断ならびに安全性のチェックも含まれる（設備，靴，着地点の地面の状態など）。
- ゆっくり進める。プライオメトリクス・トレーニングの量は，常に多すぎるよりかは少なすぎるほうがよい。正しいプライオメトリクス・トレーニングは中枢神経系（CNS）に極端に負担をかけるものである。CNSの疲労や過剰トレーニングは回復が非常に大変であるから，決してよい結果はでない。
- 他のトレーニングより先に行う。適度なストレッチとウォーミングアップの後，プライオメトリクス・トレーニングを最初に実施する（筋力強化，敏捷性やスピード・トレーニングよりも先に）。疲労時には決してプライオメトリクスをやってはいけない。無理をして行うと重度の整形外科的なケガをする恐れがある。
  - 各エクササイズのたびに，最大限の努力を発揮する。エクササイズでプライオメトリクスでの効果を上げるためには，爆発的に実行しなければならないことを忘れてはいけない。プライオメトリクスを柔軟体操のようにゆっくりやっても何の効果もない。最大の集中力と努力を発揮してエクササイズを実施すれば，その努力という果実は試合のときに収穫することができる。

4 ── 実際のプライオメトリクス・トレーニング

先に示した「トレーニング開始前」の条件をすべてクリアしたとして，まず最初は次のようなエクササイズから始めるべきです。最初に，ウォーミングアップを十分に行い，続いてストレッチ，その次に第9章で述べたようなダイナミックな柔軟体操を行います。最後に，これから掲げるようなエクササイズをそれぞれ10回3セット行います。1セット終わったら次のセットを始める前に3，4分の

休憩を入れます。その間，ゆっくり歩き回ったり，軽くストレッチをして，体力の回復を待ちます。プライオメトリクスの運動を行う際，着地の動作は，踏み切りの動作と同じくらい重要だと考えてください。つねに，足裏の膨らんだ部分で着地し，膝を曲げ，できるだけ「ばね」のように軽快に着地するように心がけましょう。また，膝をかたくしたり，かかとから着地しないように気をつけましょう。さもないと，腰の下部を傷めるかもしれません。

サイクル・スプリット・スクワット・ジャンプ ：

スタートポジション：腰に手をあて，ラング・スタンス（腰を落とし，膝をおった状態で片方の足を思い切り前に突き出す，写真・左）をとり，胴体をまっすぐに立ち，背中と首は自然に保ちます。

ミドルポジション：徐々に膝を曲げ始め，身体を25センチくらい下がるように曲げます。そして，ただちに，爆発的に上に向かってジャンプします。空中で，左右の足を前後に入れ替えます。着地する（写真・右）と同時に，ただちに，爆発的に膝の屈伸とジャンプを行い，決められた回数，繰り返します。

実施上のポイント：ジャンプするたびに，最高の高さまで飛び上がるように心がけましょう。着地と次の動作をできるだけ速く，そして爆発的に行います。地面に足が着いている時間をできるだけ短くするように努力することが大切です。

バーティカル・パワー・ジャンプ：

スタートポジション：膝を少し曲げ，両足を腰の幅くらいに開いて立ちます。

ミドルポジション：急速に膝を曲げ，同時に両手を下に下ろし後ろに振ります。このとき，背中が15センチくらい沈むようにします。着地と同時にすぐに，爆発的に真上に向かってジャンプします。ジャンプするときは，同時に両手を上にあげ，ジャンプの一番高いところにいるときに，できるだけ高いところに届かせるように手を伸ばします。着地と同時にすぐに，爆発的に屈伸とジャンプを行い，これを決められた回数，繰り返します。

実施上のポイント：このエクササイズを行うときには，できればジャンプの高さを測れるような工夫が頭上にしてあるとよいでしょう。そうすれば，ジャンプのたびに，実際どのくらいの高さ跳んでいるのかがわかり，何度か繰り返すうちに，自分のパワーの持久力を知ることもできます。高さを測るのにバスケットボールのネットを利用した場合は，この運動のときには指輪を外しておくように気をつけてください。ジャンプの練習をしているのに，指をケガさせては元も子もありません。

スクワット・ジャンプ：

スタートポジション：ハーフ・スクワットのスタンスをとります。両足は腰の幅より少し広めに開き，つま先がわずかに外を向くように立ちます。太ももの上側が地面と並行になっていなくてはなりません。頭の後ろで両手の指を組みます。

ミドルポジション：両手を頭の後ろにつけたまま，できるだけ高くジャンプします（写真・右）。着地と同時に，ただちに，ハーフ・スクワットの位置に戻り，再び爆発的にジャンプします。これを決められた回数，繰り返します。

実施上のポイント：毎回，ジャンプするたびに最高の高さに跳ぶことが大切です。着地の動作をできるだけ速く，爆発的にすることによって，できるだけ地面に着いている時間を短くするよう努力しましょう。

オフシーズン中は，最初はトレーニングを週に1回，できれば中くらいのウェイト・トレーニングを始める前に行うとよいでしょう。2，3週間したら，多くて週2日までにトレーニング頻度を増やします。ウェイト・トレーニングと同様，間に完全に2日間空けるようにしてください。屋内でトレーニングを行う場合は，固いクロス・トレーニング・シューズのようにエクササイズに適した靴を履いてください。屋外の砂上で行うときは，試合をするときと同じ靴を履くといいでしょう。

CHAPTER 12
第12章

スピードと敏捷性

　これまでに，私が見たことのある中でもっとも強力なジャンプ・サーブは，1993年のマンハッタン・ビーチ・オープンという大会の決勝戦でアダム・ジョンソン選手が見せたサーブでした。彼は，私のペアであったケント・ステフェス選手を相手にサーブをして，私たちをコート上に留まることを許しませんでした。まるで，レーザー・ビームのようでした。一度などは避けようとした私の首を直撃したほどボールの速度が速かったのを憶えています。

　私たちは，タイムアウトをとって，態勢を立て直すことにしました。私はケント選手にこう言いました。「2，3回，サイドアウトを出させれば，アダム選手の熱をもう少し，冷やすことができるんだが・・・」。

　それから2，3回プレーした後，ケント選手はコートのはるか後ろ，旗のあたりまで飛んだボールをレシーブして返しました。私はそのときネットでブロックをしていたのですが，すぐに後ろを向き，コートのずっと後ろまで全力でダッシュして，ダイブしボールを拾い，すぐにまた全力でダッシュして元のブロックの位置に戻ったため，ラリーは続けられました。

　結局，そのラリーでは負けましたが，この時を機に試合は風向きが変わったようでした。私たちは盛り返し始め，最終的には15対12で勝利を収めました。これは，スピードと敏捷性がいかに大切かを示すよい例だと思います。ブロックした後，

まっすぐ後ろに15メートルの距離を全力でダッシュし、また15メートルの距離を全力でダッシュしてブロックするためにネットに戻り、その後またケント選手のレシーブしたボールを追いかけ、後ろに走って戻ったのです。これらをたった1回のラリーの中で行ったのです。

スピードとは，Aの地点からBの地点までいかに速く移動できるかということです。ビーチバレーボールでは，コート内での動きとコート内をカバーすることを上達させるために，短距離走によるスピード・トレーニングが非常によいとされています。ボールやネットのところまでいかに速く行けるかということが，確かに試合の結果を大いに左右します。その上，スプリント・トレーニングは，室内でのウェイト・トレーニングで発達した力を砂の上でのパワー，プライオメトリクスおよび敏捷性の向上に変えていく上で，非常に優れた方法なのです。

　敏捷性にはスピードとパワーと反応の速さとバランスのすべての要素が組み合わさって発揮されます。いわゆる「生まれついての運動選手」と称される人の持つ不可思議な素質というのは，大抵，この敏捷性を指しています。ビーチバレーボール，とくにダブルスで成功しようと思ったら，その運動選手の能力というのを身に付け，強化しなければなりません。

1── スピード・トレーニング

　もちろん，ビーチバレーボールをプレーするのに，なにもカール・ルイス（Carl Lewis：1980年代～90年代に100m，走り幅跳び，400mリレーでいくつもの金メダルを獲得し，世界記録を更新しつづけた米国人アスリート）である必要はありません。砂の上で，できるだけ速く，しかも身体を十分にコントロールしながら動くということができればよいのです。次に掲げるのは，カリフォルニア大学サンディエゴ校のトニー・ハグナー氏が考案した，とても簡単でしかも効果的なスプリント・トレーニングの方法です。これを敏捷性，あるいはプライオメトリクスのトレーニングの最後に，スピードと無酸素状態でのコンディショニングを保つために行うとよいでしょう。

1. 5～10分間の軽いジョギングによるウォーミングアップを行う。
2. 膝腱，大腿部の内側，大腿四頭筋，腰の屈筋，脹脛にとくに重点をおいたストレッチを行う。
3. 約50メートルのランニングを5～10セット行う。毎回，最初はゆっくりしたジョギングから入り，徐々にスピードを上げ，最後の10メートルは最高のスピードに達するようにする。
4. 約40メートルの短距離走を5セット行う。すべてのセットを全速力のスプリント。1セット終わるごとに1分休憩し，その間はゆっくり歩き，深く息を吸う。
5. 約20メートルの短距離走を5～10セット行う。1セット毎に5秒休憩を入

【敏捷性】
バランスを崩すことなく，急速に，しかもしなやかに，スタートし，ストップし，方向を変えることのできる能力。ビーチバレーボールでは，敏捷性は非常に役に立つ能力である。ボールを追いかけ，ダイブし，すぐに立ち上がり，また次のプレーを行う。これらすべてを，身体をコントロールして行うのである。

れる。

6．約10メートルの短距離走を10～15セット行う。毎回20秒休息を入れる。地面に腕立て伏せの態勢からスタートする。
7．5～10分ほど，軽く歩いてクールダウンをし，そのあとストレッチを行う。

　トレーニングの効果を最大に引き出すために，このトレーニングを週に1回，芝生の上でやること，そして適切な靴をはくことが望ましい。もし，芝生が柔らかく，足が丈夫なら，5週間目からは裸足でやるとよいでしょう。そして，7～9週目からは砂に変えます。このトレーニングを熱意を持って続けるのに一番よい方法は，恐らく，信頼でき，かつ勤勉なトレーニング・パートナーと取り組むことでしょう。

2 ── 敏捷性のトレーニング

　筋力や持久力のトレーニングと同様に，敏捷性のトレーニングもスポーツ特性に合わせて，行われなければなりません。ビーチバレーボールにはどのような敏捷性が要求されるのでしょう。次のような調査をしてみましょう。試合を観戦中，ボールの動きを追わずに，特定のプレーヤー一人の動きを追って見ます。得点が入ったとき，サイドアウトのとき，そのプレーヤーがどのような動きをしたかをメモします。メモとペンを持ち，そのプレーヤーの方向転換，ジャンプ，ダイブ，ブロック，ダッシュなどの回数をメモします。数回の試合で，数人のプレーヤーの動きをこのようにメモしてみると，特定のパターンがあることが見えてくるでしょう。このように，そのスポーツ特有の動きのパターンを解明することによって，敏捷性を上達させる上で必要なことが謎ではなくなり，選手の砂上での能力を最大限に引き出すことができるはずです。

敏捷性のトレーニングは，選手の身体が必要に応じた動きをすることができる可能性を高める。

しかし，たとえ動きのパターンを特定できても，そのために使用できる敏捷性のトレーニング方法には数限りない種類があります。初めは，複雑なことは考えず，一つか二つの動きのパターンとその技術に的を絞ったドリルを考案するとよいでしょう。

多方向への敏捷性ドリルとリカバーやスパイク，ブロック，そしてディグのためのドリルは，初心者向きの簡単な敏捷性トレーニングのエクササイズです。これらの簡単なドリルが完全にこなせるようになったら，もっと他の敏捷性が要求される要素やバレーボール特有の技術などを含んだ高度なドリルに変えていくとよいでしょう。体力とコンディショニングという点では，ドリルの量を増やすとよいでしょう。ネットと4つのコーナーでのスピードとボディ・コントロールは，中級レベルの選手のトレーニングに向いています。そして，中級レベルのトレーニングができましたら，すべての敏捷性の要素を含み，試合のコンディションに匹敵するような，高度に進んだ動きの連続したドリルを考案すべきです。ロング・ラリー・ポイントなどは上級レベル向けの敏捷性ドリルの一例です。

多方向への敏捷性ドリル：

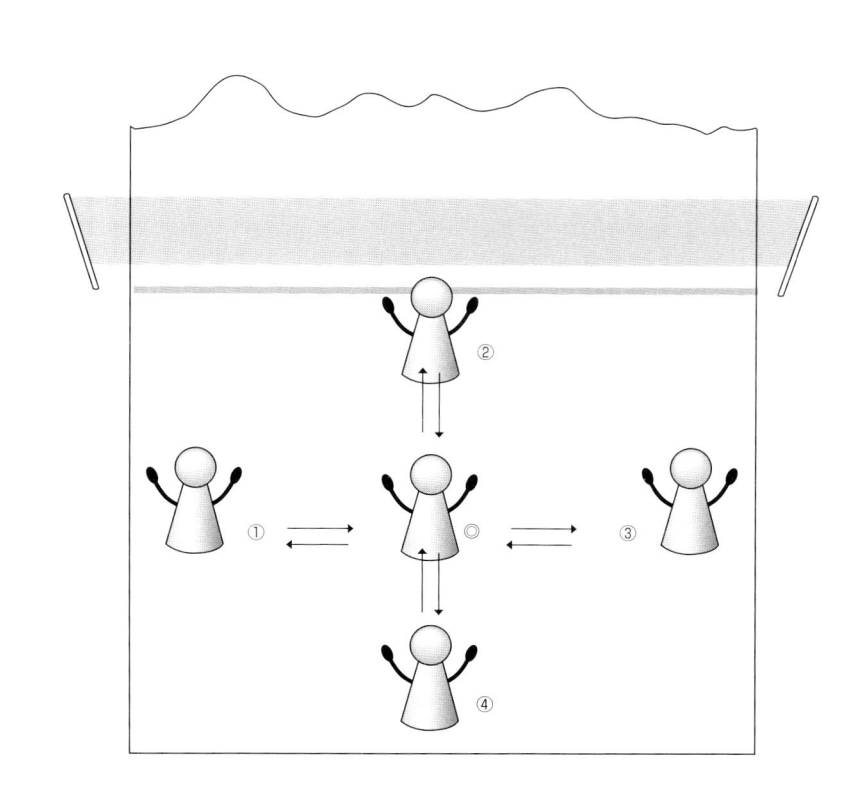

ドリルを行っている間，身体はネットの方を向いていること。コートの中央◎から始め，ストップウォッチを使います。ストップウォッチを押すと同時に，素早くポイント①に移動し，ただちに◎の位置まで戻ります。次にポイント②までダッシュで移動して◎に戻り，次はポイント③に行き，◎に戻り，最後にポイント④に行き，◎に戻ります。コート内での動きを訓練するために，コートの端にマーカーを置き，30秒間でできるだけ多くのマーカーにタッチするように行いましょう。これを，2分間の休憩をはさんで，3セット繰り返します。

素早い方向転換を訓練するには，コート中央から1.8メートル離れたところにマーカーを置き，15秒間にできるだけ多くのマーカーにタッチします。これを，ドリルの間に1分の休憩をはさんで3セット繰り返します。

リカバー，スパイク，ブロック，ディグの連続ドリル：

　ハーフコートの◎の位置からスタートします。腕立て伏せのポジションから，飛び起きてポイント①の場所までダッシュで移動して，スパイク・ジャンプを行います。着地と同時に，ネット中央のポイント②までダッシュで移動し，ブロック・ジャンプ，着地するやいなや前向きのまま後方に下がり（バックペダル），コート中央のポイント③まで行き，ディグできるようにディフェンス・ポジションをとります。このドリルを，間に45秒の休憩をはさんで10セット繰り返します。

　このドリルのコンディショニング要素を高めるには，スタートの位置を左のベースラインのコーナーに移し，ジャンプ・サーブの動作から始めて，最後のポイント③をベースラインの右端コーナーに移します。ポイント②から③に移動するときはバックペダルを使わず，後ろを向いて②から③のポイントへ斜めにダッシュし移動します。

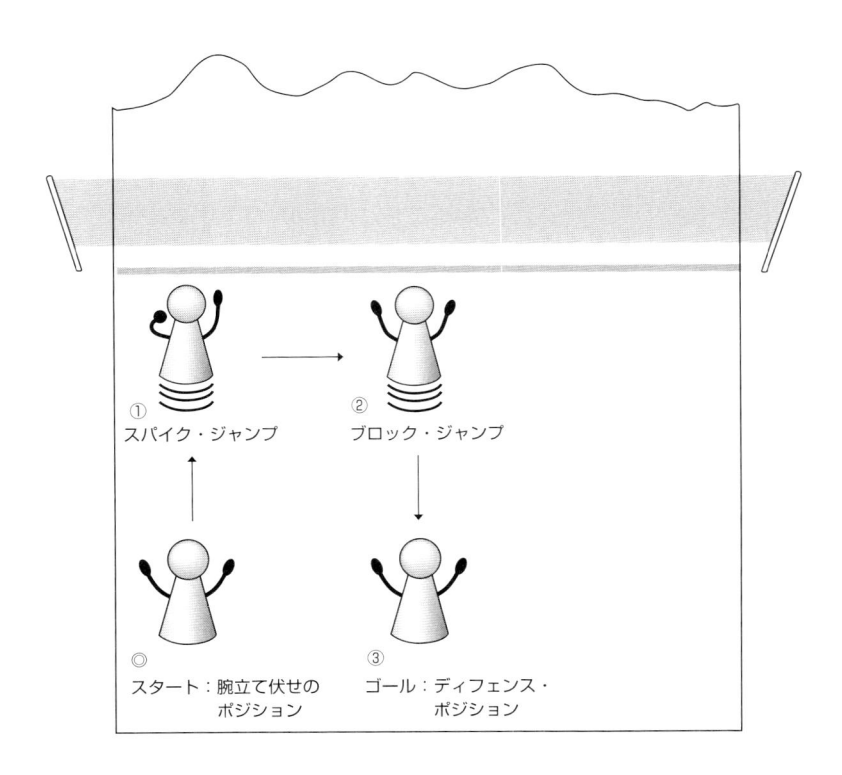

ネット際でのスピードとボディ・コントロール：

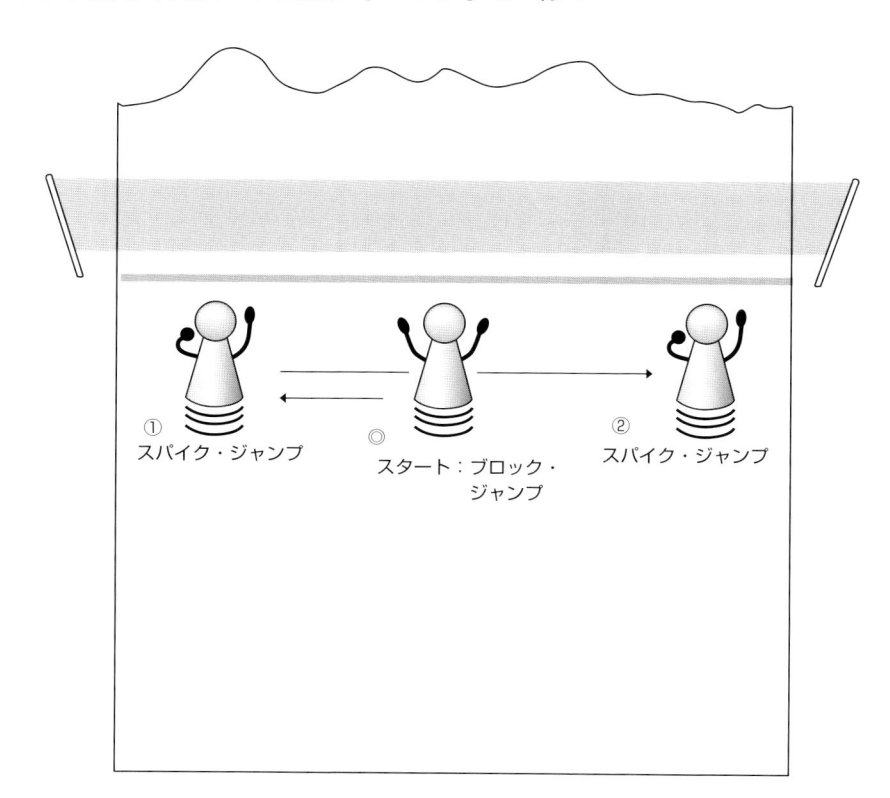

　ネット際中央の◎の位置からスタートし，ブロック・ジャンプを行います（ネットには触れないよう気をつけます）。着地するやいなや，すり足（サイド・シャッフル）でネットの左端のポイント①まで移動し，スパイク・ジャンプを行う。着地するやいなや，ネットの右端のポイント②までダッシュで移動し，そこで再び，スパイク・ジャンプを行います。

　このドリルを，間に45秒の休憩をはさんで5セット繰り返します。次に，順番を逆にして（①と②を入れ替えて）同様に5セット繰り返します。

４コーナーでのスピードとボディ・コントロール：

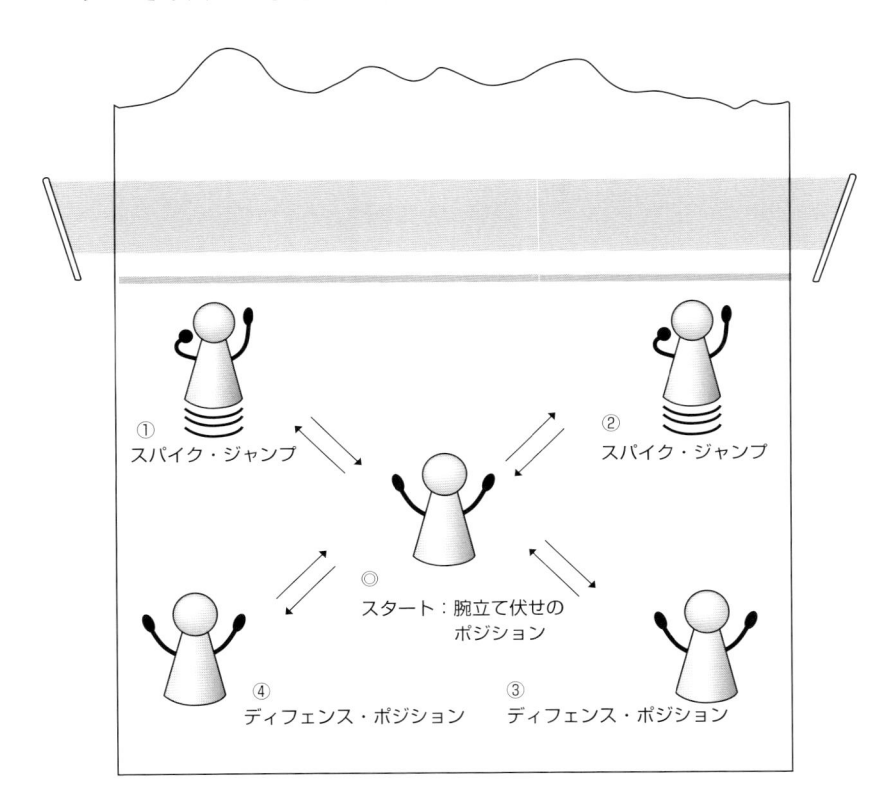

①スパイク・ジャンプ
②スパイク・ジャンプ
スタート：腕立て伏せのポジション
④ディフェンス・ポジション
③ディフェンス・ポジション

　センター・コート◎の位置からスタートします。腕立て伏せのポジションから立ち上がり、ポイント①までダッシュで移動し、スパイク・ジャンプを行います。着地するやいなや、方向を変え、◎の位置までダッシュで戻り、腕立て伏せの態勢をとり、立ち上がります。つぎに、ポイント②までダッシュで移動し、スパイク・ジャンプを行います。着地するやいなや、◎の位置までダッシュで戻り、また腕立伏せの態勢をとり、すぐに立ち上がります。そして、ポイント③までダッシュで移動し、また、すぐに◎の位置に戻ります。続けて、ポイント④までダッシュで移動し、また、すぐに◎の位置に戻ります。このドリルを、１分間の休憩をはさんで10セット繰り返します。

　このドリルの特殊性をさらに強化するためには、ポジション①か②の位置にあなたが立ち、パートナーかコーチにポイント③か④の位置にボールを打ってもらいましょう。こうすることによって、コーチから打たれたボールをきちんとしたディフェンス・ポジションで拾い、ベースラインのコーナーからパスせざるを得なくなります。

ロング・ラリー・ポイント：

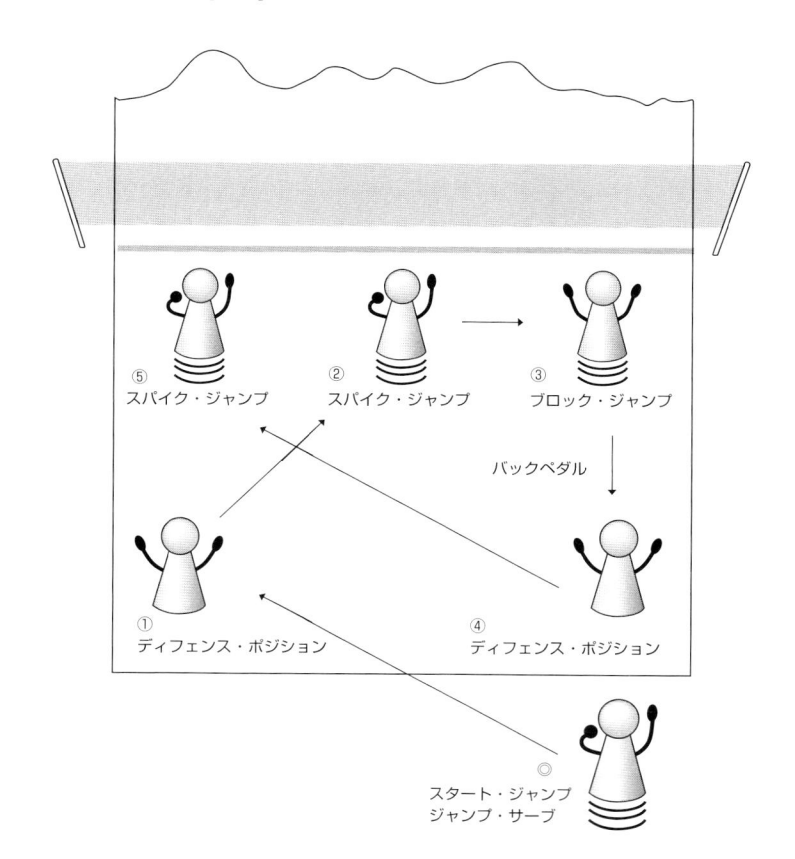

ポイント◎でジャンプ・サーブを行います。着地と同時に，ポイント①にダッシュで移動してベースラインをカバーします。次に，ネット中央のポイント②にダッシュで移動し，スパイク・ジャンプを行います。着地するやいなや，ネット右側のポイント③までダッシュで移動し，そこでブロック・ジャンプを行います。着地と同時に，前向きのまま後方に下がり（バックペダル），ポイント④に移動し，右側のラインをカバーします。最後に，ポイント⑤にダッシュで移動し，そこでスパイク・ジャンプを行います。

このドリルを，間に30秒の休憩をはさんで10セット繰り返します。このドリルにもっとゲーム要素を加えるには，パートナーかコーチに，適切な場所にボールをパス，セット，またはトスしてもらいます。

第12章／スピードと敏捷性 135

CHAPTER 13
第13章

持久力

　通常，一回の試合にはおよそ100回のラリーがあります。それぞれのチームが50回ずつサーブをし，50回ずつレシーブします。この場合，一試合での最大の作業負荷は次のようなものと私は予想しています。まず，50回のサーブを全部受ける，ということはパスが50回とアタック・ジャンプが50回。それに，私はジャンプ・サーブを行うときに最大限高く跳ぶが，それが25回。そしてチームメイトがサーブするときにもうあと25回ブロッキングのためにジャンプします。つまり，一回の試合で最大限ジャンプを合計100回跳ぶことになるのです。そして日曜日の敗者復活戦があるときには，一日でジャンプを600回以上行うことになります。そこで，シーズン前のトレーニングでは，2，3時間のトレーニング中にジャンプを650回以上行うところまでもっていきます。筋力トレーニングと同様，持久力トレーニングにおいても，バレーボールのトーナメント大会で要求されることを満たし，それを超えるように私は心がけてトレーニングしています。

　オフシーズン中にとても厳しい持久力トレーニングを行う最大の理由は，疲労することなく連続的に，試合をすることができるだけのスタミナを身に付けるということです。いかに筋力があり，パワーも強く，敏捷性があっても，ビーチバレーボールが上手くなるたった一つの方法は，ビーチバレーボールを練習し，プレーすることに尽きます。スキルをマスターするには，現行選手である期間を通して何百回も，何千回もパーフェクトにその技術をやってみなければなりません。そして，このようなスキルと連続した身体の動きはハイパワー（強い筋力とスピード）を実際に要求する性質のものであるから，完璧にこなすためにはしっかりとした持久力を持ちあわせていなくてはなりません。疲れてもうこれ以上考えられない，行動できない，あるいは学べないからという理由で，練習を短縮したり，試合に負けたりすることはもっとも避けるべきことです。

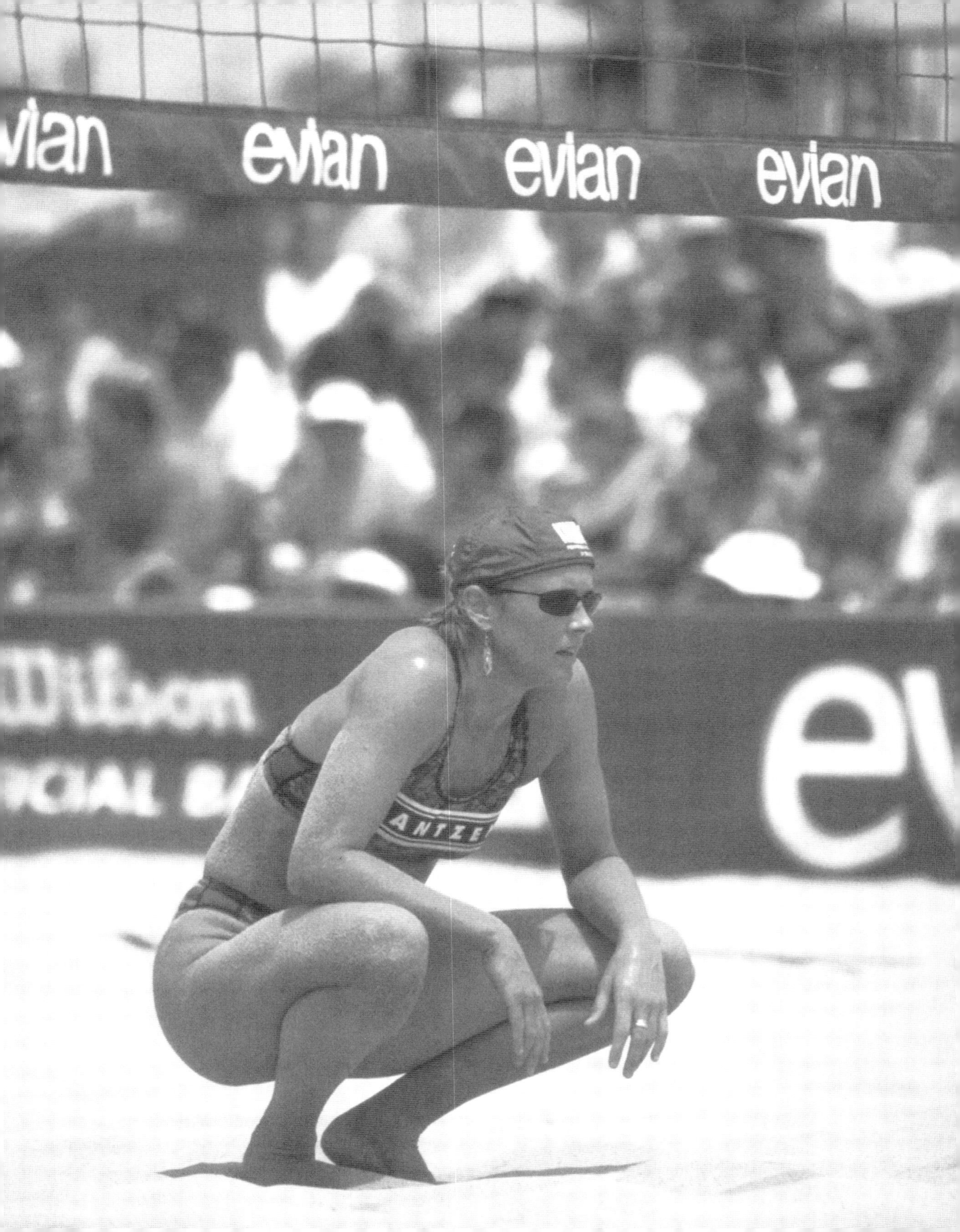
evian
evian
evian

バレーボールのための持久力とトレーニングについて説明する前に，有酸素性（エアロビクス）な持久力と，無酸素性（アネロビクス）な持久力との違いについて理解していなければなりません。

1 —— 持久力の理論

　無酸素性運動は，激しく「使い切る」努力を要求するもので，短時間のものです。通常，短時間の非常に激しい運動と休憩とが交互に行われるインターバル・トレーニングの様式で行われます。中でもビーチバレーボールは，無酸素性運動のパワー・スポーツの代表例といえるでしょう。砂の上で試合を行い，コート全体を2人だけでカバーする以上，試合で勝つためにはゆっくりしているゆとりはまったくありません。ビーチバレーボールでポイントが決まったり，サイドアウトをしたりしている時間は大体5〜10秒で，次のサーブの前に休める時間は15〜30秒ほどです。ほとんどの動きは，スプリント，ダイブ，ジャンプ，ブロック，あるいはディグといった形で，素早い反応と爆発的な反発が要求されます。砂の上で無酸素性な持久力を強化するということは，爆発的な力を過度に疲労することなく繰り返し発揮できる能力を増強するということです。

　有酸素性運動は，長時間にわたって，最大級の激しさではないペースで行えるものです。たとえば，ジョギング，サイクリング，ウォーキング，ボートこぎ，階段の上り下りや遠泳などがその代表例です。「酸素性」というのは「酸素を使って」という意味で，このような運動は，リズミカルに呼吸をして〔酸素を取り入れ〕，それを完成させるためにゆっくり歩くことができます。バレーボールの場合，有酸素性な持久力があれば，長いラリーの応酬のように激しい運動が繰り返し行われた時に，そこから効果的に回復することができます。非常に激しい一試合の後の休息時に，軽い有酸素性運動をすることによって，エネルギーを補充し，酸素欠乏から回復すると同時に，筋肉および血中の乳酸を一取り除くことができるのです。

2 —— 持久力の強化

　無酸素性な持久力を強化するには2段階のプロセスを踏みます。第1段階は，インターバル・トレーニングを行っているときの有酸素性な持久力のために用いられるのと同じエクササイズを行うことによって，一般的な無酸素性な持久力を増強することができます。コーチたちは，インターバル・トレーニングを運動・休息比率ということばを使って表現しています。たとえば，10秒間ダッシュして

OnePOINT

砂の上で試合を行い，コート全体を2人だけでカバーする以上，試合で勝つためにはゆっくりしているゆとりはまったくない。

［インターバル・トレーニング］
無酸素性な持久力を向上させるトレーニングのプログラムでは，激しい運動〔運動〕と休息時間〔休息〕とが，時間を計って，きちんと規定された運動・休息比率に従って，別々に行われなければならない。あまり面白い練習ではないだろうが，これは必要なことなのである。もっともよく行われている代表例が，スプリント・プログラムである。

第13章／持久力　139

ビーチバレーボールは，エネルギーの爆発と短い休息が交互に繰り返される無酸素性のスポーツだ。

〔運動〕，その後40秒間ゆっくり歩いた（休息）としたら，運動・休息比率は1：4ということになります。

3── 持久力アップのトレーニング・プラン

　次に掲げるアウトラインは，ビーチバレーボールのための持久力をつける系統的，かつ論理的なトレーニング・プランです（考案者はカリフォルニア大学サンディエゴ校のトニー・ハグナー氏）。トレーニングを行うときには，時間を計ってもらったり，動作をきちんと観察し注意してもらったりすることをストレングス・コーチにお願いしましょう。スキルを練習するときには，きちんとしたフォームで行わなければなりません。スプリントと敏捷性のトレーニングのときには，休憩のためのインターバル中は，ゆっくり歩いて回復させることが大切です。吐き気がしたり，頭がふらふらしたりといったどうしても必要なとき以外は，座ったり，横になったりしないほうがよいでしょう。

有酸素性能力の基礎をしっかり身につける：

　持久力のトレーニング・プログラムを始めて最初の6〜8週間の間に，これから続く激しいトレーニングに備えて，有酸素能力とその回復システムをしっかり身に付けておきましょう。

　20〜30分ほどの，衝撃の少ない循環器系の運動を週に2，3回行います。1週間から2週間に5分づつ練習時間を延ばし，循環器系の運動を連続して45分できるようになるまで行います。

　同じ運動の繰り返しから起こるケガを避けるために，2，3種類の異なったエクササイズに配分して行います。クールダウンのためにストレッチを行います。運動の激しさをはかるためにおしゃべりテストをするとよいでしょう。会話しがなら行うことが困難ではあるが不可能ではない程度の激しさが適当です。

無酸素性能力の基礎をしっかり身に付ける：

　次の4〜6週間の間は，これから行うスポーツ特性に合わせた無酸素性な持久力のトレーニングに備えて，一般的な無酸素性運動の基礎的能力を身に付けておきましょう。

　有酸素性な運動を6週間やった後，トレーニングの一つを運動・休息比を1：3のインターバル・トレーニング・セッションに変えます。つまり，無酸素性運動を1分行ったら，有酸素性運動による休息を3分とります。これを30分間繰り返して行います。

砂の上でダッシュとジャンプをフルセット行うには、衰えを知らない持久力が要求される。

　無酸素性運動の回数を週に2回に増やし、それぞれ30分行い、有酸素性運動を45分間行います。運動時間は1分のまま、休息時間を徐々に2分半、次に2分と徐々に短くしていきます。最終的に、運動・休息比を1：2の激しいインターバル・トレーニングを30分行うレベルまで上げていきます（つまり、無酸素性運動を1分、有酸素性運動による休息を2分）。この運動では、インターバル中は話をすることは不可能なはずです。

ビーチバレーボール独自の無酸素性の基礎を身に付ける：
　最後の6～8週間の間は、実際の試合の状況と等しいか、それに近いハイ・パワーの運動パターンにおける持久力を身に付けることを目標にします。
　基礎的な無酸素性トレーニングを4週間続けた後、トレーニングの一部を、ス

ピードと敏捷性のインターバル・トレーニングに変えます。短距離走と簡単な敏捷性のドリルを10秒間行い，40秒間の休息（1：4運動・休息比）をとります。これを25〜30分繰り返して行います。

　毎週，運動時間を5秒ずつ延長し，最高25秒まで上げていきます。その間，1：4の運動・休息比を保ちます（つまり，運動25秒に休息100秒となります）。次に，運動時間を20秒に落とし，休息時間を60秒に縮めます（1：3の比率となります）。最終的に，運動時間を20秒，休息を40秒に短縮します（1：2の比率となります）。

　上級者向けのスピードと敏捷性のドリルを1：2の運動・休息比（運動20秒に休息インターバル40秒）で20分行うことができるようになったら，ビーチバレーボールに適した無酸素性の基礎能力をしっかり身に付けたことになります。

4 —— 持久力アップのトレーニングを成功させる鍵

　持久力アップのトレーニングを成功させる鍵は，徐々に進めることが大切です。とくにインターバル・トレーニングはそうです。無酸素性な持久力を身につけるためのトレーニングはあらゆるトレーニングの中で，もっとも身体的に過酷なものでしょう。これに成功する鍵は，ゆっくり始めて，計画的にトレーニングを行っていくことです。ハイ・パワーで負荷の大きい運動は連続して行うと疲労がひどく，筋肉と血中の乳酸値が高くなります。このような状況では，筋肉では，たとえば砂の上でダッシュとジャンプを繰り返したときに起きる，あの焼け付くような感覚をおぼえるかもしれません。筋肉と血中に乳酸が蓄積されて，それがなくなるまで十分休息をとらなかったら，気分が悪くなったり，頭がくらくらして立っていることさえできなくなります。

　もちろん，筋力トレーニングの大切さを忘れてはなりません。ビーチバレーボールのための無酸素性な持久力とは，爆発的な運動を何度も繰り返し行うことです。運動を爆発的に行うには，基礎になる筋力をつねに身に付けていかなければなりません。

OnePOINT

成功する鍵は，ゆっくり始めて，計画的にトレーニングすること。

PART IV 第Ⅳ部

試合のキーポイント
THE PLAY

第14章
パートナー

第15章
トーナメント

CHAPTER 14 第14章

パートナー

　パワーズ選手がいみじくも次のように言っています。「自分の現在のパートナーを『私の未来の元パートナー』と呼ぶのです。」実際，ハイ・レベルのビーチバレーボールでは，パートナーというものは，いつかは縁が切れるものだと心得ておかなければなりません。同年齢であったとしてもなかったとしても，選手としてのキャリアを通じてずっとペアを組むということはまずありえません。

　これまで私もプロのビーチバレーボールでいろいろなパートナーと組んできたし，これからも新しいパートナーと組むことがあるでしょう。これが，このスポーツのユニークな特徴なのです。チームが2人だけなので，2人の間の関係は非常に密接であり，ある意味，夫婦のような関係でもあります。

　しかし，このスポーツには，「離婚」も多いのです。私もどちらの経験もたくさんしてきました。パートナー選びについては，私は大体において運がよかったのですが，1996年の10月に，肩の手術を受けなければならない羽目になって，苦しい立場に置かれることになりました。そのときのパートナー，ケント・ステッフス選手は，ホゼ・ロイオラ選手と組むようになりました。ケント選手は30歳，ホゼ選手が28歳，私は38歳。分らないことでもありません。

　このことは忘れようとしても忘れられません。このようなことは，スポーツマンにとって，とくにビーチバレーボールの選手にとって，何らかのやる気を起こさせます。現実の世の中では，離婚したパートナーに1度も会わなくなることも普通ですし，少なくとも会おうと努力することはないのですが，プロのツアーでは，好むと好まざるに関らず，「元」パートナーに毎週会ってしまうし，試合の相手にもなるのです。

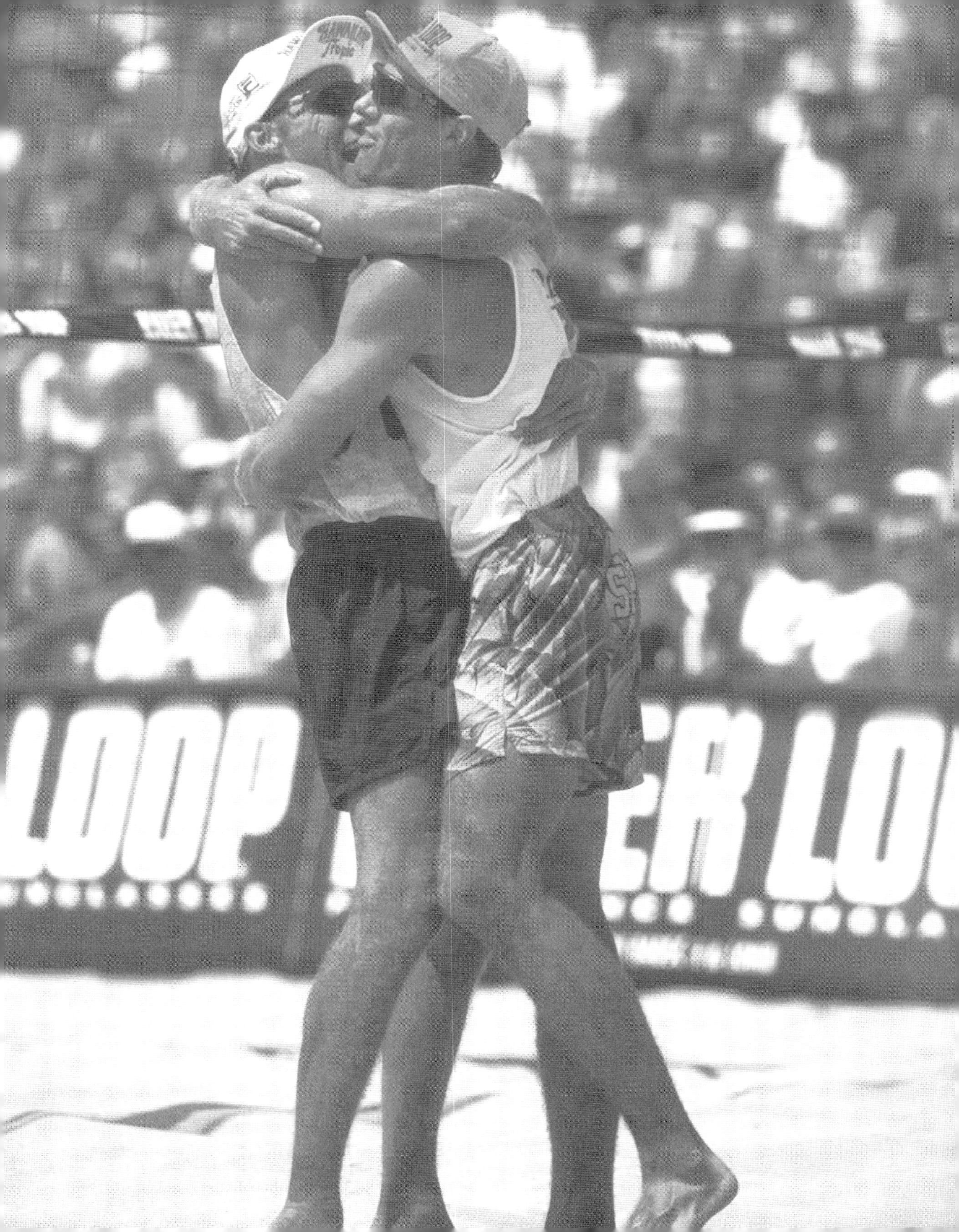
HAWAIIAN Tropic

プロ・ツアーでは，パートナーとのペアを解散することは毎週のように起こります。理由は簡単で，トーナメントに勝つチームは一つしかないのです。他のチームはすべて敗者であり，程度に差はあってもなんらかの失望を喫することになります。自分を高く評価して，他人を低く評価するのは人間の性格として当たり前です。だから，勝てないとパートナーに不満が鬱積するのです。それも，あまりに急激にそうなります。その結果，トーナメントが終わった日曜日の夜か，翌日の月曜日になると，新しいパートナーを求める電話が飛び交って，チームが壊れたり，新しいペアが生まれたりすることになります。

プレーヤーの中には，ペアを組んでいた選手に捨てられて腹立ち紛れに元のパートナーと何ヶ月も口を利かなくなったりすることがあります。プロ・ツアーの面白い局面の一つは「仇討ちマッチ」で，きれいな別れ方ができなかったパートナーが試合で相対するときです。当然のことながら，試合には普段より熱がこもり，番狂わせが生じることが多いのです。それも捨てられた側が捨てた側に仇討ちの本懐を遂げるのがつねとなっています。

1 ── 相性

パートナーとの相性は，実際に試合を経験してみないとわからないものです。新しいパートナーと組んだ最初のトーナメント大会はうまく行くことが多いのです。たぶん元のパートナーとのペアを解消して，新しい出発点を得たことでともにハッピーだからでしょう。しかし，この「新婚効果」は長続きせずに，そこから先は悪化の一途となってしまうことが少なくありません。

もちろん，紙の上ではよく見えるチームが実際の試合になるとまったく異なることも少なくありません。練習においてでさえも，実際の試合とは異なることがあります。試合になって初めて，本来の姿が出るもので，それがわかるのにはあまり時間はかかりません。片方がもう一方をなじるような目つきで見始めたら，パートナー間のトラブルが始まったと思ってもいいでしょう。「目は口ほどにものをいう」であり，パートナーのまずいプレーに頭を振るなどの嫌気を見せるようなジェスチャーは，パフォーマンスがバラバラになる前兆です。

必ずこうなると決まっている訳ではありません。シンジン・スミス選手とランディ・ストクロス選手のペアは，トーナメント中，にらみ合ったり，怒鳴りあったりしているものの，この５，６年の間依然としてベストといえるペアです。外目にはよい組み合せのようには見えないようでいて，本当は素晴らしいコミュニケーションを持っているのでしょう。

つまり，２人制のビーチバレーボールに肝心なのはコミュニケーションなので

OnePOINT

２人制のビーチバレーボールに肝心なのはコミュニケーションなのです。

す。試合中も，普段のときもパートナーとは意思疎通ができなければなりません。パートナーのどちらかに何かトラブルが生じることは必ずあるものですが，それを2人で解決することが大切なのです。私はパートナーに恵まれてきました。シンジン・スミス選手，マイク・ドッド選手，ブレント・フロホフ選手と組んだ最初のトーナメントではそのすべてで優勝してきました。この中には長続きしたパートナーもそうではなかったパートナーもいますが，組んだ最初の瞬間から各々ポテンシャルのあるパートナーであると感じたものでした。

　パートナーが結婚相手のようなものであるということから，選手の中にはパートナーがよき友達でもあるように願う者がいます。コート以外での友達づきあいもします。うまくいっているペアの中にはまったく友人関係でないものもいます。ケント・ステッフス選手と私は6年間ほどベスト・チームでしたが，友達としての付き合いはほとんどありませんでした。私

シンジン選手とランディ選手は，試合中に怒鳴りあったりするが，実際にはよきパートナーである。

は結婚していて子供がおり，彼は独身であり，彼なりの付き合いを持っていました。

　トレーニングや練習，試合を一緒に行い，遠征先では同じ部屋に泊まりますが，私たちは各々違ったライフスタイルを持っていました。しかし，お互いの力を尊重して，よきコミュニケーションを維持していたのです。このような要素がトーナメントに勝つことに欠くことができないものなのです。

　試合における相性を強固にする方法はいくつもあるように思われます。反対に，パートナーとの関係をブチ壊す要因は2つあるように思われます。パートナーシ

お互いにコミュニケートでき，相性のいいパートナーを選ぶようにする。

ップを解消する一つの要因は，試合中などでのパートナーに対するよからぬジェスチャーであり，これは最悪です。たとえば，片方がすばらしいダイビング・バンプセットをした後，パートナーがジャンプしてボールをネットにかけてしまったとしましょう。すばらしいプレーを見せた方のプレーヤーに目を向けると面白いです。嫌気をさしたような目つきをするとしたら，この瞬間です。ネットにミスした方のプレーヤーは後ろが見えないから，気が付かないかもしれませんが，後で誰かから聞かされることもあるでしょう。ここに，不仲のキッカケが生じるのです。

もう一つのパートナーシップを解消する要因は，対話に関連したものです。たとえば，プレーヤーの一人が，ディフェンダーによってブロックされたか，ディッグされたとしましょう。パートナーを振り返って「もっと近くにセットしてくれなきゃ駄目じゃないか！」と怒鳴るか，「ナイス・セット！ 私のミスだったわ」と穏やかにいうのでは大きな違いがあるのです。

私のパートナー，アダム・ジョンソン選手と私は，ミスを自分の所為にしようとするアプローチで試合に臨んでいます。たまには，やりすぎていることもあるかもしれませんが，これでお互いにかかるプレッシャーを軽くしているのです。お互いに最善を尽くしていることを認めて，次のプレーにお互いの信頼を持って望むようにしています。

2 ── よきパートナーを求めて

パートナーを決めるときは，十分に意思疎通できる相手を探さなければなりません。多くの場合，バレーボール以外の趣味など共通点のある相手を選ぶのがい

OnePOINT

プレーのレベル向上には，よきパートナー選びが先決です。

いでしょう。もちろん，性格も要素の一つとなります。内向的でおとなしい性格の人間が，わあわあと怒鳴るような外向的な性格の人間とペアを組むのはベスト・チョイスとはいえないかもしれません。

　現実問題としては，もし自分がワン・サイドでばかりプレーするプレーヤーであれば，反対のサイドが得意なパートナーが必要です。この理由で，両サイドでプレーできるようになることを勧めます。そうすれば，いいパートナーを見つける可能性を倍にできます。ケント・ステップス選手，スコット・アヤケイタビー選手，アダム・ジョンソン選手はみなサイドをスイッチできるプレーヤーであり，それが彼らのキャリアに役立っているといえます。女子プレーヤーの中では，リサ・アース選手，ナンシー・リノ選手，アンジェラ・ロック選手は各々両サイドをプレーでき，これがパートナーを組む上でプラスになっているのです。

　次に，自分の力を補う上で，パートナーの身体の大きさとタイプも考えなければなりません。先にも述べたように，背が低いプレーヤーはディフェンスを固めるために背の高いブロッカーとペアを組みがちです。サーブで点を稼ぎたければ，セットがうまいパートナーを探します。私自身はヒットやセット，そしてブロックを分け合うパートナーを好んでいるので，パートナーとしては自分と同じような背格好の人間を選んできました。

　パートナーを組めそうな選手が見つかりましたら，まずパートナーを組む気があるか打診してみます。プロのレベルでは，恥ずかしがっていては問題にもなりませんが，アマチュアのレベルでは積極的にパートナー探しをしたがらない人もいます。上手になるためにはいいパートナーが必要となるし，恥ずかしがっていては駄目です。美人にボーイフレンドができないのは誰もが恐れて近寄らなかったからだという例もあるのですから。

　最後に，パートナーシップに寛容なのは，「忍」の一字であると私は思っています。往々にして，初期段階でしびれを切らして機を逸することもあります。大概の場合，難しい局面に，それも初期の段階で，トラブルに直面することもあります。それを乗り越えて，先行きを見ることも大切なのです。

　アダム・ジョンソン選手と私のパートナーシップはこの好例でしょう。最初に組んだのは1997年で，私のキャリアで最低のランク17位となったりと，ひどい成績を残すことになりましたが，これは肩の手術後で私のプレーがよくなかったことが原因でした。家に帰るたびに，アダム選手からパートナー解消の電話がいつ来るか，いつ来るかと気になったものです。しかし，アダム選手には続けていこうという忍耐があり，その後ピッタリ息が合うようになり4回連続でトーナメント優勝を成し遂げました。結婚のようなもので，パートナーは苦楽を共にするものなのです。

CHAPTER 15
第 章

トーナメント

　試合をするとか，人と競うとかということは私自身の性格にあっています。何と言っても一番スリルを感じるのは大きなトーナメント，たとえば伝統あるマンハッタン・ビーチ・オープンとか大きな賞金のかかった AVP トーナメントとかもちろん，オリンピックのような大会です。このようなイベントではプレッシャーも格段に大きくなります。

　プレッシャーも嫌いではありませんし，プレッシャーに立ち向かうのも私は好きです。プレッシャーには，自分で創り上げたもの，観客のファンからのもの，メディアの期待によるもの，強敵に対するものやら，キリがありません。ビーチバレーボールではプレーヤーは孤立された形になるので，これがいっそう強烈なものとなるのです。6 人のプレーヤーである屋内のバレーと違って，いいプレーも悪いプレーも見逃されることはほとんどありません。皆の目が自分に集中しているのです。いいプレーで拍手喝采を受けたときの頭に血が上るような絶頂感は他では得られないものです。

　逆転できるチャンスがあるのもビーチバレーボールで私が好きな一面です。14 対 7 で負けていても，絶望ではありません。練習で準備を怠っていなければ，その成果を生かして逆転できるのです。逆転勝ちで感じる「やった！」という気持ちは他に類のないものです。トーナメントはこのすばらしい，そしてこのスポーツ独特の気持ちを体験させてくれるのです。

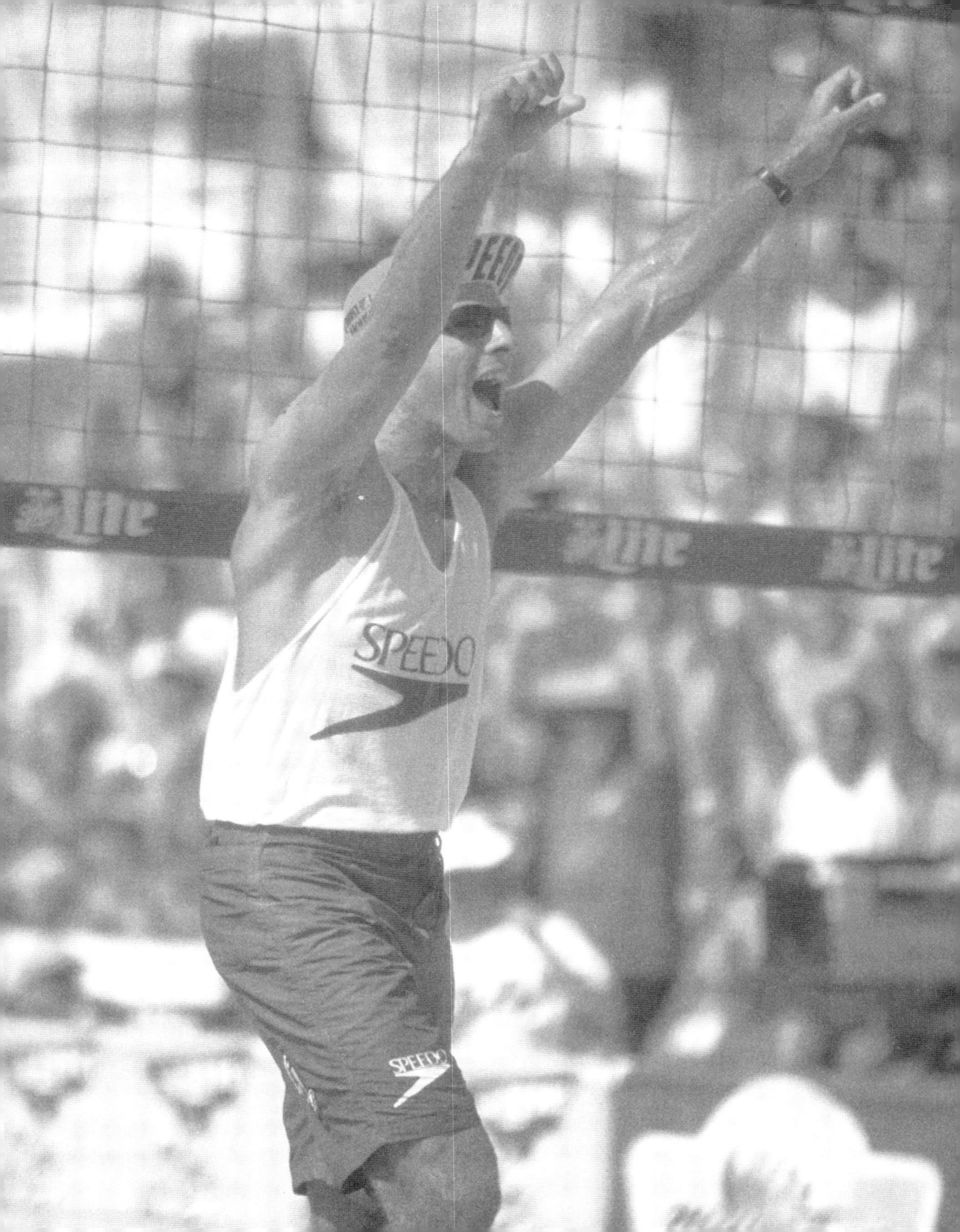
Lite
SPEEDO
SPEEDO

ビーチバレーボールの魅力にとりつかれると，まず，基礎を覚え，そして，肌を日に焼け焦がされるとか二の腕を擦り剥くなどの目に遭ったりして体調を整えることができるようになります。そうなると，意を決して自分よりベテランの選手にパートナーになってくれるように頼むことになるでしょう。ここまで至ったら，準備はできたといえます。ビーチバレーボールは健康のためによく，同好の士と楽しむ運動として続けるのもいいし，本格的な競技としてのスポーツとして熱中してもいいでしょう。後者の，競技スポーツとして行っていくのであれば，ここまでの基礎訓練はエキサイティングな頂点を目標としたものになります。その頂点とはトーナメント・コンペティションに他なりません。

1── シーズン

米国のたいていの地域では，ビーチバレーボールは夏のスポーツですが，温暖な所ではもちろんシーズンはより長くなります。冬が厳しいアメリカの中西部で，ビーチバレーボールのクラブができているところなどでは真冬の寒さの中でもプレーをするようになってきています。

通常，シーズンは6月に始まります。AVPツアーのシーズンは早ければ3月に始まり，10月に幕切れを迎えます。私にとって，プロ・シーズンの幕開けの頃はどういうわけかプレーしやすいのです。私はオフシーズンに厳しいトレーニングを欠かさないのですが，シーズン当初，トップ・コンディションにあるプレーヤーが有利になるからだと思います。シーズンの初めに体調が整っていないプレーヤーはシーズン中に徐々にコンディションを上げていきます。このため，シーズン後半は競争が厳しくなってくるのです。

春季のシーズン初めがプレーしやすいもう一つの理由は，暑くないからです。7月と8月の暑さでプレー・コンディションはひどくなりかねません。ここでまた体調がものをいうことになります。しかし，体調より大切な要素は恐らく精神的なものでしょう。プレーヤーは心身ともに疲労してきます。体調を整える自分なりの方法がうまくできあがっていれば，身体はついてきます。しかし，メンタルな面もフレッシュに保っていかなければならないのです。これができれば，他のプレーヤーに差をつけることができます。

ロン・ヴォン・ヘイゲン選手はスター・プレーヤーの一人ですが，彼は夏以降に圧倒的な強さをみせてくれます。それは，誰よりも体調が整っていることに加え，根っからのビーチバレーボール好きであり，練習や試合に飽きることがないからなのです。

2── メンタル・ゲーム

　ゲームのレベルが高くなるにしたがって，メンタルな面が重要さを増してきます。生活がかかっていると，とくに私自身の例のように家族を養っていかなければならなくなると，プレッシャーが大きくなります。ビーチバレーボールがオリンピック種目に加えられた現在では，このプレッシャーはさらに大きくなりました。

　私のこれまでの経験からいうと，もっともプレッシャーを感じた試合はオリンピックでした。1988年のソウル・オリンピックのときは自分の人生で一番ストレスを感じた2週間でした。このストレスのほとんどは自分が創りだしたものではありますが，アトランタ・オリンピックが近付いてきたときも同様でした。ケント・ステッフス選手と私のペアが優勝候補と目されていたので，勝って当たり前，勝たなければ大きな番狂わせでした。何百万，何千万の人間がテレビで観ていたこともメンタルな面での大きな重荷となりました。ベストなプレーをして勝てるように，ストレスを軽減して十分な休養が取れるように心配りをしました。

　リラックスするのに新手の方法を試みました。バイオフィードバックを専門としている心理学者を訪ねたのです。自分のリラックス・テクニックを改善するためにです。大きな試合の前夜とかにはあれこれ考え過ぎて寝られない夜がよくあったのですが，これを何とか克服したかったのです。

メンタル面がタフになれば集中力とプレッシャーが必要な場面でもリラックスできる。

> **OnePOINT**
>
> 試合前に神経を高ぶらせるのは自然なことであり，必ずしも悪いことではありません。要はそれを軽減して自分なりの対処法を持つことです。

気を静めるテクニックをいろいろ示唆してくれました。あれこれ気を回さないようにするテクニックの一つは，のんびりとした環境とかシチュエーションを頭に描くことです。私の場合だと，これにあたるのはホノルルの「アウトリガー・カヌー・クラブ」です。きれいなワイキキの海辺で遊び戯れるわが子を想像したり，のんきなバレーボールに興ずる自分とか，クラブハウスのオーシャン・テラスでのんびりしたランチを楽しんでいる場面を頭に描いたりしたものでした。

緊張をほぐしたり，夜中に寝付かれないときのための呼吸法も教わりました。アトランタ・オリンピックでは二晩か三晩この呼吸法を活用しました。もっともストレスを感じたのはシンジン・スミス選手とカール・ヘンケル選手のペアとの試合が済んだ金曜日の夜でした。プレーを思い起こして寝付かれなくなったので，呼吸法をやってみたところ，眠ることができました。オリンピックで勝つチャンスを最大にするものは，できるだけリラックスして十分な睡眠をとることなのです。たくさんの試合やトーナメントをプレーしていく中で，私は試合前の数分間で自分のストレスをマネジメントする方法を学びました。実際には，試合前に神経を高ぶらせるのは自然なことであり，必ずしも悪いことではありません。要は，高ぶりを軽減させて自分なりの対処法を持つことです。私にとって睡眠を十分にとることはとても大切なことであり，アトランタ・オリンピックではほとんどリラクゼーション・トレーニングを行っていました。

3── 食事への配慮

食べ物や食べ方にも気を配らなければなりません。試合の数日前とか，試合日の朝，トーナメント中とかの異なった状況によって摂取する食べ物を分類しています。トーナメントの数日前には，体内に摂取するエネルギー源がパフォーマンスに大きな影響となって現れるので正しい食事をすることが大切です。栄養源に関してもっとも参考となりましたのは，1995年と1996年に私のストレングス・コーチでしたビル・ジョンソン氏が推奨してくれたマイケル・コルガン著『スポーツマンに薦める栄養』(Michael Colgan, Optimum Sports Nutrition)です。

カーボローディングというのをご存知の読者は少なくないと思いますが，私自身もこれをやった経験があります。コルガン氏の著書によって，炭水化物を余分に摂っておくと，水分も余分に体内に蓄積されることを知りました。体内にグリコーゲン1g摂取すると約3ccに近い水分が蓄積されるからです。

気温38度，湿気90パーセントの状態でプレーしなければならないようなときは，体内の水分を大量に失い，脱水状態になります。だから，水分補給はビーチバレーボールには極めて重要な要素であって，これは強調してもし過ぎることはない

> **[カーボローディング]**
> 試合前の食事でとくにパスタ，繊維質の高い食品，フルーツなどで炭水化物の比重を高くしておくことをいう。これによって，長いトーナメントに向けて，筋肉群と肝臓に十分なエネルギーとしてのグリコーゲンを蓄えることができる。また，これで体内により多くの水分を蓄積することもできる。

トップ・クラスのプレーヤーは皆，水分補給の重要性を熟知している。

でしょう。いったん脱水症状になると回復が効かなくなります。体内の水分がなくなり続けると，補う調整が追い付かなくなります。暑さによる筋肉の痙攣を起こし，筋肉群も痙攣を起こすことにもなりますが，普通，一番影響を受けるのは大腿四頭筋です。そうなったらビーチバレーボールではおしまいであり，ジャンプすることも走り回ることもできなくなって敗北は目に見えたものとなるでしょう。

　試合の前夜は魚かチキンのパスタとサラダで，水分も十分に摂ることにしていますが，夜中に何度も手洗いに立つほどにまでは飲みません。体内の水分レベルを十分に高くしておく程度です。

　試合の朝は，オートミールのような繊維質のものと新鮮な果物を摂取するようにしています。また，起きてからすぐ体内の水分レベルを保つために，水，ジュ

ース，またはイオン化されたスポーツドリンクを飲むことにしています。このドリンクについては試合中にもよく飲んでいます。

　トーナメントの間は，最低2日間は一日中試合予定となりますので，水分とエネルギー源の摂取を怠らないようにします。エネルギー蓄積のコツはキャンデーのような小さいサイズのエネルギー源を用意しておくことです。エネルギーを補給するためにちょくちょく食べておくと胃もたれをすることはありません。トーナメントでは食べ物を取り揃えたテントが設置されていますが，自分で用意してもいいでしょう。私はサンドイッチを半分食べて試合に臨み，プレーの後で残りの半分と果物を食べることにしていますが，プレーヤーの中には試合中のタイムアウトの間に栄養補強のキャンデーのようなものを食べる選手もいます。

　湿気が高く暑さが厳しい時は，試合の間と試合中にスポーツドリンクと水を絶えず忘れずに飲むことにしています。トーナメントで試合直前にコートを足早に抜け出すプレーヤーをよく見かけるが，あれは水分の摂りすぎで膀胱が膨れ上がっているのでしょう。暑さがひどいときには，1時間の間に4リットル近い水分を摂ることもあります。このような条件下では，体内の水分をどの程度発汗するかを心得ておかなければなりません。猛暑のときは，できるだけ身に付ける物を最小限に止め，試合の合間には直射日光を避けて身体をクールに保つ努力をするようにします。

　痙攣が起こるようであれば，医者に診てもらうと同時に酷暑の状態での試合中に血液検査・尿検査をしてもらって，身体水分レベルがどうなっているかを見極めておくようにします。マイク・ウイットマーシュ選手の場合のように，いろいろ試してみた後に体内の塩分レベルが非常に低いことがやっとわかったという例もあります。彼の場合は，専門の医師を頼ってことなきを得ました。痙攣が頻繁に起こるのはもっと深刻な原因による場合もありますので，放っておくべきではありません。

　最後に，トーナメント後，私は水分を摂り，よく食べるようにしています。脱水の原因となることがありますので，トーナメントの前と最中はアルコールには手を出さず，飲んでもせいぜいビールをグラス半分に止めています。パーティーとかレセプションに出席しなければならない場合は，水かソーダ水を注いだグラスを手にしてお茶を濁すようにしています。睡眠不足と二日酔いはプレーには大敵だからです。

4 —— 試合前の準備と試合中における集中

　AVPツアーでは，年間25回もトーナメントで顔を合わせるので，相手チームの偵察，つまりスカウティングはあまりしません。しかし，オリンピックとなると，ほとんどのチームがプレーを見たことがない相手なので，ビデオをスカウティングの代りとしました。ビデオは自分自身の反省材料にもなって，繰り返しているミスの原因究明に役立ちます。また，少なくとも秘密を分かち合う仲のよいプレーヤーがいれば，試合でまみえる相手の長所と短所を訊き出すこともできます。相手の癖を知っておくと，1ゲームで2ポイントくらいの得になるものです。

　試合前の身体と心の準備として身体のストレッチ体操をすることにしています。これで身体がウォームアップされ，試合に集中できるようになります。この体操は，オフシーズン用の身体の柔軟性と動きを向上させる一連の長い体操の一部であり，これは柔軟性と動きを養うトレーニングのコーチであるエイドリアン・クルック氏が創り上げたものです（これについては第9章を参照のこと）。暑ければ暑いほど，この体操は短縮します。暑さがひどいときにはエネルギーを節減することが重要度を増すからです。大抵の場合，試合前のウォームアップ体操は実際の相手とのプレーを頭に描きながらしています。

　AVPツアーでは，試合前に10分間のウォームアップ時間が設定されています。その前には，プレーヤーの控えテントの外でウォームアップをします。コートに出場してからは，連打の打ち合いを数分しますが，ジャンプ・サーブにもっともウォームアップ時間をあてるようにしています。また，パートナーとサーブをし合って，風の向きを確認しておくのも大切です。カギは十分にウォームアップして，身体を柔らかくして試合に臨めるようにすることです。

　今日，スポーツで，「集中」ということがよくいわれています。ビーチバレーボールを始めた当初は，現在のようにサングラスを掛けたプレーヤーは少なかったのです。サーブをするときには，相手を睨み据えるプレーヤーが多かった。私はつねにボールに集中するようにして，相手の顔さえ見ません。サーブでボールがトスされた瞬間から目はボールに据えたままにしています。

　ゲームで集中できるかどうかに，勝敗がかかっているといえます。観衆，野次，レフリーのミス，生意気な態度をとる相手など，試合から気を逸らさせるような要素は多いのです。雑念を払うには，一つのプレーが終わったら，次のプレーを考えるようにします。一つ前のプレーで失敗したら，次にどんなファイン・プレーができるかを考えます。ネットしてしまったら，そのエラーはすぐに忘れ，次のサーブのリターンに気持ちを転換し，集中するようにしています。観衆の声には耳を貸さずに，自分のつたないプレーにくよくよせずに，すぐサーバーがどこ

【スカウティング】
相手の偵察。どんな戦いでもそうであるように，敵を知るのは大切である。プレーをしていないときに，時間を掛けて相手を研究しなければならない。

OnePOINT

勝敗のカギは集中力。

相手を脅して萎縮させる作戦は稀なことではない。この作戦に相手になるとそれまでの折角の集中を失うことになる。

に打ってくるかに集中を絞り込みます。

　ビーチバレーボールは，形勢不利となると睨み据えたり，嫌味なことを言ったり，相手を怒鳴るまでして，相手を萎縮させる作戦が横行するスポーツです。心に留めておくべきことは，こういう作戦に出るプレーヤーは大概の場合窮地に陥っているということです。つまり，自分の方が優位に立っているのであるから，そのまま態度を崩さずにプレーを続けて相手からの嫌がらせを無視すれば，相手はますます苛立っていく一方，相手の作戦に乗って，怒鳴り合いにでもなれば，折角の優位を失うことになるのです。

5 ── トーナメント

　どんなスポーツでもそうですが，ビーチバレーボールはレベルが高くなればそれだけ競争が熾烈になります。プロ・ツアーのよいことは，チームが何度も試合で顔を合わせるので，負けても次の週に勝てるチャンスが来るのです。このおかげで，負けた痛手を忘れることもそれほど長引くものではありません。しかし，

オリンピックでは敗退の憂き目はなかなか消え去らないものでしだ。

　ビーチバレーボールのトーナメントには，一日，二日のトーナメント，ダブルスとシングルスの勝ち抜き戦，勝ち抜きでないリーグ戦など，いろいろな形式があります。トーナメント形式に沿って自分のペースを守っていくのはとても大切なことです。

　試合数と試合の予定時間に気を配らなければなりません。遅い時間にスケジュールされた試合は大切なものが多いし，疲労度も濃くなっているでしょう。ここで前述のエネルギー蓄積が重要な要素となるのです。横になれる静かな場所を探しておいて，身体と心を休ませるようにします。決勝に近付けば近付くほど疲れてきますが，相手も同じように疲れていることを忘れないようにすることです。

　やがて疲れが深刻になるときが来ますが，そこから先はメンタル・ゲームの様相が濃くなります。注意力を研ぎ澄ませておき，プレーが始まったら，意識して集中力を自分のゲームに注ぐことが大切です。たとえば，サーブのトスをする前に，パーフェクトなパスを頭に描くために一呼吸おいてみるのです。疲れてくると一番大切な勝負時に，惰性に任せたプレーを行う選手がたくさんいます。

　相手のスカウティングに時間をかけて，癖と弱点を怠りなく研究しておいて，それをゲーム中に思い出す努力をします。疲れてくると，癖とか弱点とかは余計にあらわになって出てくるものです。ソフト・ショットをライン深く打つのが癖のプレーヤーであれば，疲れてきたら恐らくそのショットをしてくるでしょう。

　トーナメントの終盤戦で，それも負けているような時には，ペースのチェンジアップを考えてもよいでしょう。ペースを変える一つの方法は，サーブのスタイルを変えてみることです。のるかそるかの一番勝負というか，相手をまごつかせることになるかもしれません。

　勝っていれば，一つひとつのプレーに集中して，相手に簡単にポイントを献上しないようにします。そうすれば，相手は追い込まれて，フラストレーションの結果，一か八かのプレーに走るようになり，エラーを重ねていくものです。このような相手の様子が見えてきたら，それを利用してフィニッシュにもっていくのです。

　ビーチバレーボールの試合やトーナメントで勝つ秘訣について，ここまででそのほとんどについて触れたと思いますが，最後に一番大切な要素を付け加えておきます。ビーチバレーボールはエンジョイするものです。エンジョイできれば，プレーも自然と上達するものです。

OnePOINT

往々にして，疲れたプレーヤーは惰性のプレーに陥って，勝負時につまずく。

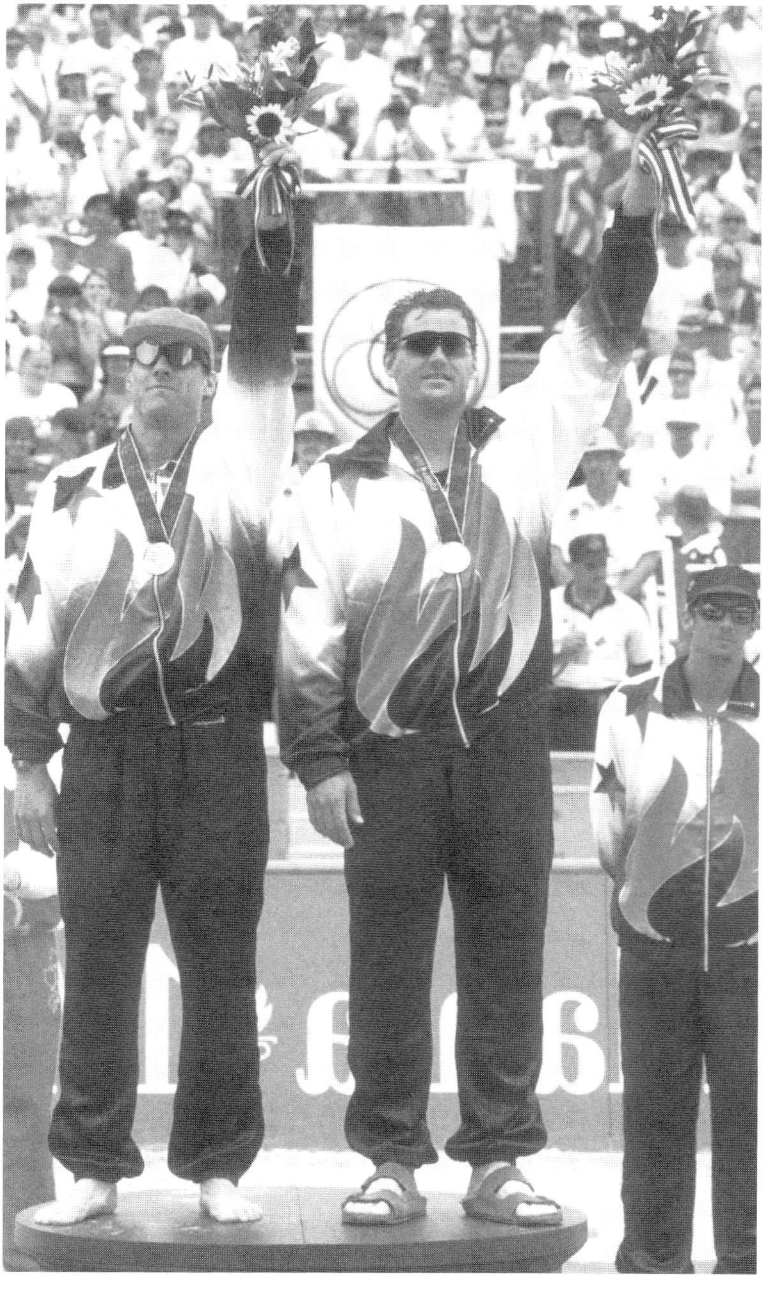

カーチ・キライのビーチバレーボール歴

1978年 カリフォルニア州選手権優勝（サンタ・バーバラ高校在学時）
カリフォルニア州学校対抗体育連盟最高殊勲選手（MVP）

1979年 NCAA（全米大学体育協会）選手権優勝（UCLA在学時）史上初めてシーズン全勝記録樹立
NCAA全米代表チーム
創設のビーチバレーボール・オープン優勝
創設のビーチバレーボール世界選手権優勝（パートナーはシンジン・スミス選手）
ビーチ・オープンで勝利6回（パートナーはシンジン・スミス選手，ティム・ホヴランド選手）

1980年 NCAA全米代表チーム
オープン勝利8回（パートナーはシンジン・スミス選手，ピーター・エアマン選手）

1981年 NCAA選手権優勝，最高殊勲選手
NCAA全米代表チーム
全米代表チームに参加
ビーチバレーボール世界選手権優勝（パートナーはシンジン・スミス選手）
オープン勝利6回

1982年 NCAA選手権優勝，最高殊勲選手
NCAA全米代表チーム
史上2度目の全勝学生チーム
オープン勝利1回（パートナーはシンジン・スミス選手）

1984年 ロサンゼルス・オリンピックで金メダル，ベスト・スポーツマン賞
オープン勝利2回（パートナーはシンジン・スミス選手）

1985年 ワールド・カップ（開催地日本）金メダル，最高殊勲選手
サリバン賞（全米最高マチュア選手賞）ファイナリスト
オープン勝利2回（パートナーはマイク・ドッド選手）

162 BEACH VOLLEYBALL

1986年　ワールド・カップ（開催国フランス）金メダル，
　　　　　FIVB 世界最高殊勲選手
　　　　　サリバン賞ファイナリスト
　　　　　オープン勝利 1 回（パートナーはマイク・ドッド選手）

1987年　パン・アメリカン・ゲーム（開催地インディアナポリス）金メダル
　　　　　サリバン賞ファイナリスト

1988年　ソウル・オリンピック，金メダル，最高殊勲選手
　　　　　FIVB 世界最高殊勲選手
　　　　　サリバン賞ファイナリスト
　　　　　FIVB ビーチ世界選手権優勝（開催地ブラジル）（パートナーはパット・パワーズ選手）
　　　　　オープン勝利 2 回（パートナーはパット・パワーズ選手とリッチ・ライティーズ選手）

1989年　オープン勝利 5 回（パートナーはブレント・フロホフ選手とスティーブ・テイモンス選手）

1990年　オープン勝利 7 回（パートナーはブレント・フロホフ選手とケント・ステッフス選手）
　　　　　AVP 最高殊勲選手
　　　　　AVP ベスト・オフェンシブ・プレーヤー

1991年　イタリア・プロ・リーグ選手権優勝（イル・メサジェロ・クラブ・チーム）
　　　　　イタリアン・カップ，金メダル（開催地イル・メサジェロ）
　　　　　オープン勝利 6 回（パートナーはケント・ステッフス選手）
　　　　　初のキング・オブ・ザ・ビーチ・トーナメント優勝 *
　　　　　AVP ベスト・オフェンシブ・プレーヤー

1992年　ヨーロッパ・クラブ選手権金メダル（開催地イル・メサジェロ）
　　　　　ワールド・カップ，金メダル（開催地イル・メサジェロ）
　　　　　オープン勝利 16 回（パートナーはケント・ステッフス選手），13 回連続勝利はオープンのタイ記録
　　　　　全米選手権優勝（パートナーはケント・ステッフス選手）
　　　　　キング・オブ・ザ・ビーチ優勝 *
　　　　　AVP 最高殊勲選手
　　　　　AVP ベスト・オフェンシブ・プレーヤー

1993年　オープン勝利 18 回（パートナーはケント・ステッフス選手）勝利 18 回はチーム・シーズン新記録
　　　　　全米選手権優勝（パートナーはケント・ステッフス選手）
　　　　　キング・オブ・ザ・ビーチ優勝 *
　　　　　AVP 最高殊勲選手

　　　　　　AVPベスト・オフェンシブ・プレーヤー

1994年　オープン勝利17回（パートナーはケント・ステッフス選手）
　　　　　全米選手権優勝（パートナーはケント・ステッフス選手）
　　　　　AVP最高殊勲選手
　　　　　AVPベスト・オフェンシブ・プレーヤー

1995年　オープン勝利13回（パートナーはケント・ステッフス選手，スコット・アヤカタビー選手）
　　　　　AVP最高殊勲選手

1996年　オープン勝利12回（パートナーはケント・ステッフス選手）
　　　　　アトランタ・オリンピック，金メダル（パートナーはケント・ステッフス選手）
　　　　　AVP最高殊勲選手
　　　　　全米選手権優勝（パートナーはケント・ステッフス選手）
　　　　　キング・オブ・ザ・ビーチ優勝*

1997年　オープン勝利4回（パートナーはアダム・ジョンソン選手）
　　　　　全米選手権優勝（パートナーはアダム・ジョンソン選手）

1998年　オープン勝利6回（パートナーはアダム・ジョンソン選手）
　　　　　全米選手権優勝（パートナーはアダム・ジョンソン選手）

*印は公式オープン勝利と認定されているもの。

［用語解説］

●カット（ショット）／CUT（SHOT）：
　ボールをカットするように，ネット際に平行に打つショット。

●コング・ブロック／KONG BLOCK：
　片手でアタックをたたき落とすようなブロック。

●ショートアングル（ショット）／SHORT ANGLE（SHOT）：
　サイドラインに対して角度をつけて，ネット際に落とす短めのショット。

●ショートライン（ショット）／SHORT LINE（SHOT）：
　サイドラインに沿って，ネット際に落とす短めのショット。

●スタッフ・ブロック／STUFF BLOCK：
　激しいアタックを，その力と同じくらい強く，下方にたたきつけるブロック。

●スライス（ショット）／SLICE (SHOT)：
　ボールの横を打ち，スライス回転を与えるショット。

用語解説

●セット／SET：
トス。攻撃を始めるために，セットとして行われるオーバーハンドのパス。

●ディープアングル（ショット）／DEEP ANGLE（SHOT）：
エンドラインに近く，サイドラインに角度のある方向に深く打つショット。

●ディープミドル（ショット）／DEEP MIDDLE（SHOT）：
エンドラインに近く，ラインとアングルの中間に深く打つショット。

●ディープライン（ショット）／DEEP LINE（SHOT）：
エンドラインに近く，サイドラインに沿って深く打つショット。

●ディッグ／DIG：
強烈なスパイクなどを拾うレシーブ。

●ティップ（ショット）／TIP SHOT：
ボールをティップさせて，ネット際に落とす短いショット。

●ディンク（ショット）／DINK（SHOT）：
スパイクではなく，ネットとブロックの選手をぎりぎり越えるような短いショット。

●パス／PASS：
サーブ・レシーブやチャンスボールをセッターにパスすることで，ビーチバレーボールではアンダーハンドパス全般のことを指す。

●ハンドセッティング／HAND SETTING：
オーバーハンドのパス。

●バンプ／BUMP：
両手を組んだアンダーハンドのパス。

●レインボー（ショット）／RAINBOW (SHOT)：
「虹」のように，相手選手の頭上を越えるような高くて長いショット。

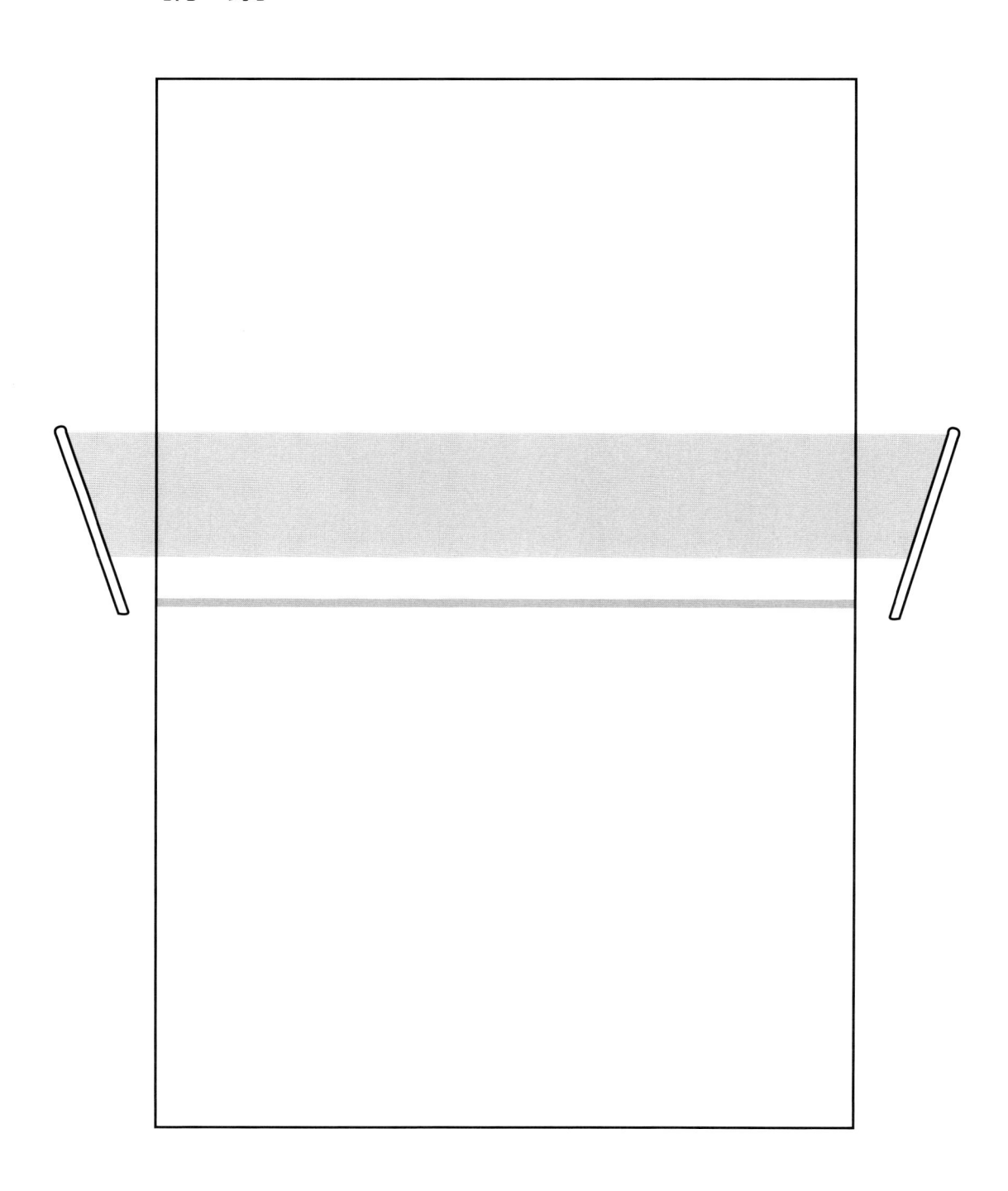

[付　録]

付　録 167

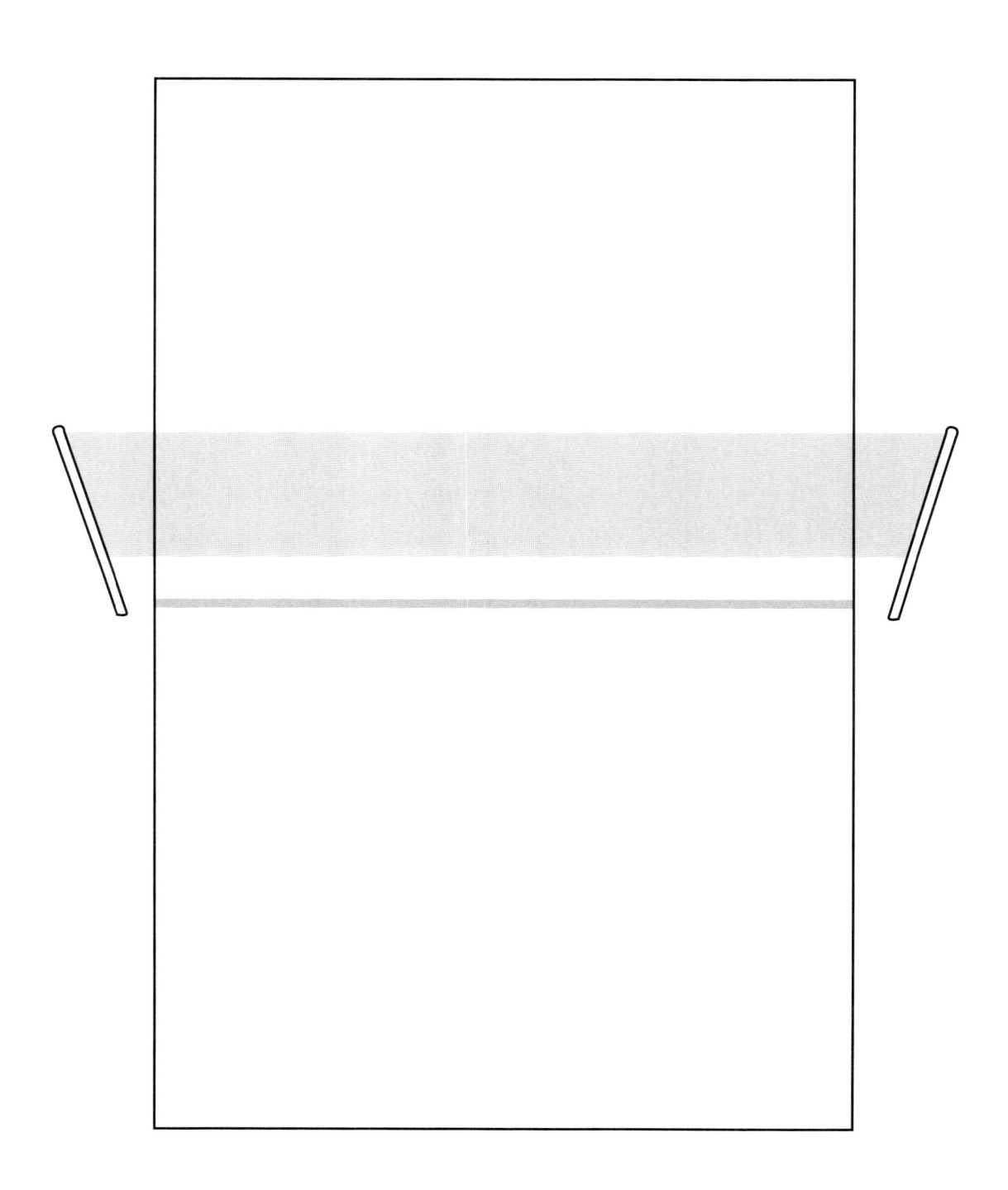

原著者紹介

カーチ・キライは，他に比べようのないほどすばらしいバレーボール・プレーヤーである。屋内，屋外を問わず，彼ほど選手権を勝ち取ったプレーヤーはいない。オリンピックの金メダルに輝くこと3回。これもバレーボール史上例がない。1984年と1988年は米国チームの一員として，1996年のアトランタ大会ではビーチバレーボールで金メダルの栄誉に輝いている。

プロのビーチバレーボールのツアーでキライは，一番目立った存在であるが，それはトレードマークとなっているピンクの帽子の所為ばかりではない。1979年のツアー初勝利以来AVPのMVP 6回受賞，1999年までに136勝利を収め，止まるところをしらない。ツアーの賞金獲得額でも史上最高，まさに敵なしの感がある。

バレーボールの友好・親善大使としてもスポーツ界を代表する一人である。そればかりではなく，著者としても活躍，『Karch Kirary's Championship Volleyball』は1990年の初版発行以来，人気を博しており，『Volleyball Magazine』誌の編集にも携わっている。また，ビーチバレーボールのストラテジーとテクニックを収めたビデオ『Strictly Beach』の企画・製作にも携わっている。米国カリフォルニア州サン・クレメンテに妻，二児と住んでいる。

バイロン・シューマンも，バレーボール選手歴と執筆歴を持ち，ビーチバレーボールの歴史やその全貌に造詣が深い。シューマンは1970年代初頭には全米男子チームに名を連ね，ビーチバレーボールがいまだアマチュアであった時代にオープン参加の選手でもあった。その後，執筆に専念し，『Volleyball Magazine』誌の編集に加わるまでは，国際バレーボール協会のコーチを務めていた。

1995年に上梓された『Volleyball Centennial, The Fist 100 Years（バレーボール100年史）』はバレーボールを総合的に取り上げた唯一の参考文献となっている。シューマンが創設し，理事長を努めている「米国スターリング・バレーボール・クラブ」は米国の荒廃した都心部，いわゆるインナーシティの女子を対象とした非営利のクラブである。自宅はカリフォルニア州サンディエゴ・カウンティのインペリアル・ビーチにある。

[監訳者紹介]

瀬戸山 正二（せとやま　しょうじ）

　1965年生，宮崎県出身。1990年日本初プロビーチバレー選手として，アメリカプロ・ツアーに参戦。1993年アジアサーキット優勝，1994年ワールドツアー7位入賞，1996年アトランタ・オリンピック17位とすばらしい戦歴を誇る。1997年現役を引退し，ビーチバレー女子日本代表監督に就任。2000年シドニー・オリンピックでは女子2チームが出場権を獲得し，高橋・佐伯ペア4位入賞，2001年ビーチバレー日本代表総監督に就任する。

　現在は，日本バレーボール協会評議委員，日本ビーチバレー連盟理事長，ビーチバレーインストラクター協会副会長を務め，各メディアにてビーチバレーボールの普及，そして後進の指導に力を入れている。

実戦ビーチバレーボール
©Shoji Setoyama 2003　　　　　　　　　NDC 783　176p　24cm

初版第1刷——2003年7月10日

著　者────カーチ・キライ，バイロン・シューマン
監訳者────瀬戸山 正二
発行者────鈴木一行
発行所────株式会社 大修館書店
　　　　　〒101-8466　東京都千代田区神田錦町3-24
　　　　　電話03-3295-6231（販売部）　03-3294-2358（編集部）
　　　　　振替00190-7-40504
　　　　　［出版情報］http://www.taishukan.co.jp

装丁・本文デザイン・DTP────齊藤和義
カバー写真────アフロフォトエージェンシー
印刷所────壮光舎印刷
製本所────三水舎

ISBN 4-469-26527-6　Printed in Japan
Ⓡ本書の全部または一部を無断で複写複製（コピー）することは，著作権法上での例外を除き禁じられています。